삶의 무게 내려놓고

삶의 무게 내려놓고

초판 1쇄 발행 2024년 10월 7일

지은이 최동규
펴낸이 장길수
펴낸곳 지식과감성#
출판등록 제2012-000081호

교정 김나현
디자인 강샛별
편집 강샛별
검수 김지원, 이현
마케팅 김윤길, 정은혜

주소 서울시 금천구 벚꽃로298 대륭포스트타워6차 1212호
전화 070-4651-3730~4
팩스 070-4325-7006
이메일 ksbookup@naver.com
홈페이지 www.knsbookup.com

ISBN 979-11-392-2138-1(03810)
값 12,000원

· 이 책의 판권은 지은이에게 있습니다.
· 이 책 내용의 전부 또는 일부를 재사용하려면 반드시 지은이의 서면 동의를 받아야 합니다.
· 잘못된 책은 구입하신 곳에서 바꾸어 드립니다.

지식과감성#
홈페이지 바로가기

삶의 무게 내려놓고

최동규 시집

머리말

　국문학도가 아닌 필자가 급변하는 한 시대를 살아가다 컴퓨터를 만나게 되고, 컴퓨터로 포털을 서핑하다 보니 카페를 접하게 되고, 다양한 카페에서 각양각색의 글들을 마주하게 되어 댓글과 답글로 교류하다 보니, 그 글들이 어느새 이야기가 되어, 때론 시로 써 보고 싶다는 의지가 생기던 차에 마침 4행시란 것이 카페마다 번져 가며 유행하게 되더군요.

　이 세상은 네 것 내 것으로 고정된 것은 아무것도 없고, 인연 따라 모였다가 흩어지길 반복할 뿐입니다. 모든 것이 단지 스쳐 지나갈 따름인데도 마치 영원히 고정된 내 것인 양 착각함으로 인해 집착의 늪에서 헤어나지 못한 삶의 습관화에 고착되는 것이 현실적인 우리네 삶이라지요.

　본 시집에서는 대부분 이 무상함을 일상적으로 인식게 해 텅 빈 "마음"의 실체 또는 "무상"한 우주의 실체를 일시적이나마 깨닫게 합니다. 그를 바탕으로 실체 없는 집착을 벗어나 안온한 마음으로 평온한 일상을 누림에 작은 울림이라도 될 수 있길 기대하며 작성된 글들입니다.

　본문의 은유 비유법의 문구는 대부분 "마음"의 실체를 상상하고 대입해 보시면 무리 없이 소화할 수 있으리라 사료됩니다. 이해가 잘 안되시는 분은 반복, 재반복으로 본문 글의 의미가 달라짐을 인지하시고 그 반복을 통해 마음의 실체에 한 걸음씩 다가가며 얻는 심득을 취하시길 당부드립니다.

 훨씬 앞서 수승하신 분들께는 졸필로 드러난 필자의 짧은 식견에 대한 불만을 너그러이 혜량하여 주시기 바라는 마음입니다.

목차

머리말 4

1장 삶과 자연

엽차 한 잔	12
글	12
두고 안고 품고 지고	13
꿈이여…	14
고향 풍경	15
사위 사랑	16
교감 한 줄 공감 한 올	18
혼인 서약	19
사랑하는 며늘아가	20
살다 보면 알게 되네	22
멋진 인생	23
인생 사계	24
사계(四季)	26
평온	27
깊은 설산 난초 향기	28
사군자의 향기	30
동고동락	31
여늬 부부의 자화상	32
부부 관계	34
산에 오르다	35
눈꽃산행	36
통영 여행	38
무협 찬가	39
진정한 행복이란?	40
힐링 주문	41
부부의 향기	42
달의 여인	43
노심초사	44
혼인 세태	45
인과의 법칙	46
작심의 양날(刃)	47
일장춘몽	48
배회	50
허공	51
겨울나기	52
춘색(春色)	53

산막 야경(山幕 夜景)	54
삼세를 왕래하며	55
부부 행복 위기 처방	56
세월	58
한가위	59
교차로에	60
추석	62
산책길	63
황혼 창에 비친 풍광	64
호반의 풍경	66
지란지교	67
블로그 이웃의 향기	68
생태터널의 가을	70
살기 좋은 우리 동네	71
카페 25시	72
피고 지고 남은 흔적	74

2장 카페의 향기

사랑 꽃무늬	76
국화꽃 향기	76
하얀 민들레 & 노란 민들레	77
연두색 희망	78
소주 한 병에…	79
댓글 답글 품앗이는…	80
행시방이 존재하는 한…	82
사랑과 우정	83
쉽게 쓰는 어려운 말 (적당히)	84
널 만나고부터	86
여름휴가	87
오색 구슬이 서 말이라도 꿰어야 보배	88
충청남북도	90
작은 배	91
출산율과 행복	92
가는 세월에	94
봄비가 내리면	95
그중에 그대를 만나	96
봄의 길목에서	98
삼년불비 우불명	99

과학한글 우수성에 홍 돋우는 사언율시	100
커플링	102
멋진 계절 시월	103
독도는 우리 땅 (가사 韻子)	104
풍우강산	106
사랑과 그리움	107
애국가(가사 韻字)	108
설날 추억	110
고운 인연	111
약수터의 인연사	112
가화만사성	114
피란수도 부산야행 1023	115
자본시장 개미	116
가을장마	118
산이 주는 길	119
유종의 미	119
중장년의 가을	120
음악의 향기 ~행복한 동행	122
소소한 일상	123
詩句 한줌 남겨 둠세	124
달아 달아 밝은 달아	126
단풍잎 동심원	127
달콩 부부	128
단풍 연가	130
찹쌀떡 메밀묵	131
코스모스 갈대 꽃길	132
그리움의 뿌리	134
봄을 꿈꾸다	135
분홍 꽃비 사이로	136
꽃 피고 새가 울면	137
시원한 나무그늘	138
산책로의 마지막 잎새	139
겨울 바다	140
인연과 우연	141
양친부모 미생 전에…	142
댓글 찬가	144
맘 뒤숭숭해	145
색즉시공 공즉시색	146
한밤의 방송	148

밤하늘에 은하수	149
인연 따라 육도 윤회	150
월하독작	152
여름에는 모시옷…	153
自存 別曲	154
저기요	156
비가 내리면	157
집착을 벗어나는 門(布施)	158
나의 인생 내 지게에 걸머지고	160

3장 마음의 고향

시작이 반	162
길	162
굴비인생	163
허허 참	163
수행인	164
무릉도원	164
콧구멍이 없는 소	165
無財七施(무재칠시)	166
법의 향기	168
"나"는…	169
생멸의 妙 1	170
생멸의 妙 2	171
생멸의 妙 3	172
생멸의 妙 4	173
무상(無常)	174
적정(寂靜)	176
유유자적	177
태산 덕을 쌓아 감서	178
가람풍광	180
각성(覺醒)	181
삶의 무게 내려놓고	182
등불	184
수행자의 살림살이	185
믿고 맡겨 지켜보소(觀法)	186
주인공(主人空)	188

別添 심우송

1. 尋牛 소를 찾아 나서다   190
2. 見跡 소의 자취를 발견하다   191
3. 見牛 소를 보다   192
4. 得牛 소를 얻다   193
5. 牧牛 소를 기르다   194
6. 騎牛歸家 소를 타고 집에 돌아가다   195
7. 忘牛存人 소는 잊고 사람만 있다   196
8. 人牛俱忘 사람도 소도 다 잊다   197
9. 近本還源 근원으로 돌아가다   198
10. 入廛垂手 저자에 들어가 손을 드리우다   199

1장 삶과 자연

경이로운 신비함이
그 자체로 생활 속에 녹아 있어
절로 절로 일상화된
...

익숙함과 함께하는
일상 중에 열린 생각 회상하며
그냥 그냥 옮겨 놓은
...

엽차 한 잔

네가마셔 네몸되고 내가마셔 내몸되니
너와내가 공유하는 너와나의 엽차한잔
네가마셔 네숨되고 내가마셔 내숨되니
네가됐다 내가됐다 너와나는 결국하나

글

글에웃고 글에우는 희로애락 우비고뇌
글은본디 마음이요 마음본디 글통이라
마음으로 글을쓰고 글을읽어 마음쓰니
이글저글 모든글이 한마음의 나툼이네

두고 안고 품고 지고

지난추억 걸어두고 슬픈이별 눈물두고
못난생각 접어두고 잘난감투 벗어두고
이웃정은 모셔두고 여유로움 남겨두고
황홀한꿈 숨겨두고 헛된욕망 비워두고

여린새싹 희망안고 맑은이슬 햇살안고
단풍잎새 사색안고 푸른하늘 구름안고
해바라기 일념안고 풍우한설 세파안고
귀뚜라미 고독안고 기러기떼 소식안고

산들바람 숨결품고 강산바다 하늘품고
머리카락 고뇌품고 바위고목 세월품고
노랫가락 감흥품고 농촌들녘 향수품고
어미가슴 아가품고 연인마음 사랑품고

서리꽃은 피고지고 뭇생명들 나고지고
길흉화복 돌고지고 희로애락 웃고지고
그리움에 보고지고 열띤사랑 하고지고
생사인연 이고지고 순리좇아 살고지고

꿈이여…

한여름밤 천둥번개 놀라깨니 꿈이었네
자취없는 임의숨결 애꿎은창 덜컹덜컹
꿈속짚어 가려하나 애만쓸뿐 부질없어
야속하다 천둥번개 깨진꿈이 아쉽고녀

꿈에라도 만나뵙길 벼르고도 별렀건만
허망하게 무너진꿈 아쉬움의 꿈속맹세
애타도록 그리던님 둘러봐도 흔적없어
임의숨결 어디가고 실바람만 스치는가

애써잡은 꿈속의님 가물가물 흐려지니
애달프고 허전한맘 무엇으로 달랠건가
솔바람이 불어와서 물빛내음 뭉클하고
기운달빛 교교하니 임없는방 스산한데

가고오는 세월들은 유수같고 바람같아
떠나버린 이름하나 아련하게 남은기억
타다남은 불씨되어 뉘엿뉘엿 노을지니
속절없는 그리움만 낙엽되어 흩날리네

고향 풍경

미동산은 뜨락이요 속리산은 마당이라
맑은바람 새소리에 우암산이 병풍둘러
무심천의 맑은물은 젖줄되어 조잘조잘
산자수려 청풍명월 맑은고을 내집인데

남쪽으론 굽이굽이 댐의절경 청남대요
세심정의 옥화구경 선유동에 쌍곡계곡
화양구곡 풍치더해 속리산의 법주사요
월류정에 영국사라 한천양산 영동팔경

북쪽으론 충주호의 탄금대에 호반절경
수안보에 온천하고 월악산을 등반하고
박달재를 넘어가면 왕건세트 의림지에
도담삼봉 고수동굴 단양팔경 절경이고

초평지의 붕어찜에 고향식당 올갱이국
남주동에 해장국집 천지사방 맛집천지
볼거리와 먹거리에 부족함이 없는고을
홍수갈수 걱정없는 후덕인심 고향풍경

사위 사랑

각기의삶 융화조합 쉽지않은 삼사십년
다른조건 다른환경 따로따로 걸어온길
최고학부 최고인재 최고인기 최고직업
최고만을 구가해온 개성강한 사위와딸

이합집산 남남북녀 둘의만남 천우신조
누가봐도 선남선녀 이상적인 부부조합
부와명예 최고권위 과한욕심 없는터에
무리없이 순리대로 살아감이 행복목표

제아무리 잘난이도 백프로는 없는고로
양보하고 배려함에 부족함을 극복하고
귀염둥이 손주보며 지글자글 오순도순
성심다해 사는모습 자랑스런 마음인데

험한세상 살아감에 좋은일만 있다던가
좋은일과 나쁜일이 반복교차 하는세상
다좋을때 좋아함은 진정성을 모르는법
어려울때 좋아함이 진정으로 좋은거네

많고많은 인연중에 오백생의 부부인연
가족이란 한울속에 한맘한뜻 동고동락
아들딸의 다른이름 며느리와 사위로서
남남북녀 오가는새 희귀인연 맺은관계

부귀영화 출셋길에 부자재벌 좋다지만
장인장모 친부모맘 일구월심 건강으뜸
사위아들 얻음이고 며느리딸 얻음이니
아들과딸 보낸다고 서운할것 없음이라

한숨눈물 삭여가며 피땀흘린 온갖정성
역경속을 헤쳐지난 깊은속뜻 알까마는
분에넘친 감동혼례 자랑스런 아들과딸
새겨보는 어버이맘 동병상련 아닐는지

눈비오나 바람부나 자나깨나 노심초사
무탈건강 기원하며 전도양양 빌고빌어
훌륭하게 성장해준 장한사위 안겨주신
사장어른 사부인께 감사말씀 드리게나

교감 한 줄 공감 한 올

부모님께 효도함은 나를위한 봉양이요
자식에게 희생함은 나를위한 양생이고
이웃들에 봉사함은 나를위한 덕행이니
타인위해 살기아닌 나를위해 사는인생

순간선택 강요받아 한평생을 이끄는삶
공존공생 자각할때 비울줄도 알겠거니
과한욕심 내려놓은 봉양양생 덕행으로
모나잖은 순리따라 평온하게 살고지고

마음한번 바뀜따라 천당지옥 변하는삶
우연필연 스친글귀 행운일까 불운일까
다문입에 참선명상 노는입에 장엄염불
한마음의 속삭임에 잠꼬대가 전하는말

이글저맘 모든것이 한마음의 나툼이요
생시꿈속 교차로에 먼길돌아 원점회귀
각자나름 오간생각 무상진리 품은편린
교감한줄 공감한올 어둠속의 희망한줌

혼인 서약

알콩달콩 연애하며 붉은심장 두드리고
기습적인 재치번트 임의마음 훔친도루
윙크싸인 적시안타 고심끝에 고백장타
정성모아 사랑담은 혼인서약 만루홈런

초롱초롱 아침이슬 햇살아래 스러지고
제아무리 예쁜꽃도 오래잖아 시드는법
지난시간 되오잖아 연습없는 우리네삶
오늘지금 이순간이 나의존재 총화려니

가정이란 수틀위에 둘이엮는 살림자수
한올한땀 새겨가는 아름다운 인생화라
평온속에 하는사랑 누구나의 사랑이고
시련속에 영근사랑 참사랑의 모습이라

부부지간 자존심은 버려야할 으뜸장애
눈흘기는 허물벗어 사랑하기 바쁜생애
서로간의 배려존중 신뢰위에 굳는사랑
반려의삶 동행길에 동반하는 희로애락

천만장해 극복하며 거센풍랑 헤쳐가며
웃음캐고 화목담아 희망노래 엮어가며
아기자기 오순도순 코끼리의 걸음으로
건강기반 행복더해 금자탑을 쌓는생애

세월굽이 이랑마다 사랑꽃씨 뿌려가며
다사다난 인생길에 맺어지는 한쌍원앙
부처님의 가호아래 한올한땀 자수놓아
삶의역사 잉태하는 부부지연 백년가약

사랑하는 며늘아가

끊임없이 이어지는 우리네삶 다사다난
희망엮어 살다보면 눈깜빡새 절로가니
궂은일에 집착털고 이익추구 욕심덜고
세상만사 순리따라 그냥그냥 절로절로

서로간의 의사소통 부부관계 묘약이고
오늘지금 이시간이 닥칠미래 약속인것
예뻐보여 사랑하는 피동적인 사랑보다
항상좋아 사랑하는 능동적인 부부사랑

偕老길에 나서보면 어려움도 따르겠지
질곡속에 빠져들어 어둠속을 헤맬적엔
둘이한몸 지혜모아 암흑깨고 희망캐며
티격태격 오순도순 되돌이표 부부의길

다좋을때 하는사랑 누구나의 사랑이고
조건불문 변치않는 영원불변 부부사랑
상대입장 배려하고 존중하는 아름다움
배려격려 사랑담아 지혜롭게 살아가렴

며느리와 사위라는 사회적인 통념으로
가족이란 한울속에 희로애락 둥지틀고
아들딸의 다른이름 며느리와 사위로서
세상만사 인연따라 어렵사리 맺은관계

고관대작 출셋길에 부귀영달 좋다지만
친정부모 시부모맘 일구월심 건강으뜸
사위에다 아들얻고 며느리에 딸얻으니
아들딸을 보낸다고 서운할것 없음인데

울고웃고 고뇌하며 온갖정성 기울이사
훌륭하게 키워내신 깊은속뜻 다알까만
모자라고 넘치잖아 자랑스런 딸과아들
지켜보는 어버이맘 동병상련 아닐는지

눈비오나 바람부나 자나깨나 노심초사
무탈건강 기원하며 훌륭한딸 길러주신
査丈어른 사부인께 고마움을 전하는맘
지극하게 정성담아 감사말씀 드리려마

살다 보면 알게 되네

풍한설에 서리꽃은 연년세세 피고지고
비몽사몽 사는생애 꿈과현실 오락가락
거친세월 담아놓은 이순간이 전부임을
울부짖고 환호하며 살다보면 알게되네

아득하게 먼길돌아 휘적휘적 걸어온길
지난추억 깃든향수 황혼빛을 바라볼제
서로달리 살았대도 가는길은 한곳임을
오순도순 티격태격 살다보면 알게되네

부귀영화 이고지고 가난속에 허덕이며
삼독심에 아귀다툼 오욕락에 물들적에
영원한것 하나없어 부질없는 욕심임을
부족한듯 넉넉한듯 살다보면 알게되네

명예욕에 이전투구 가렴주구 애욕물욕
좌충우돌 험난한길 한치앞을 못보는삶
치밀하게 짜여진틀 인과속에 헤매임을
동분서주 좌충우돌 살다보면 알게되네

멋진 인생

새싹의맛 일이십대 정열의맛 삼사십대
완숙의맛 오륙십대 경륜의맛 칠팔십대
일이십대 봄날이요 삼사십대 여름이고
오륙십대 가을날에 칠팔십대 겨울이라

지난세월 집착하고 오는세월 보이잖아
자욱자욱 막연한길 안갯속을 헤매이니
끊임없는 고통번뇌 벗어날수 없는생애
봄그리다 가을가고 여름찾다 겨울가네

한번왔다 떠나가면 다시오지 않는세월
팔십평생 모든날이 똑같은날 하나없어
오늘날의 이순간이 인생길의 교차로라
한순간을 방심하면 천리만리 벌어지고

고정됨이 하나없는 무상함의 진리속에
희로애락 길흉화복 시시때때 교차하니
방탕하게 살다보면 좋은결과 올리없고
최선의길 살아가면 마주하는 좋은결과

아이들은 아이답게 어른들은 어른답게
오늘지금 이순간을 최선다해 살다보면
시간시간 점을찍는 화폭속의 人生畵가
인과응보 어김없이 지은대로 그려지니

지난날에 매이잖고 오는날을 걱정않고
떠나가면 가는대로 다가오면 오는대로
시시때때 닿는대로 제맛보며 살아가면
바로그게 최선의삶 멋진인생 아니던가

인생 사계

예나제나 가슴마다 울렁이는 달뜬마음
새싹맞이 그마음에 아지랑이 변함없고
설레임이 따로없어 봄바람이 청춘이니
펄쩍뛰는 개구리에 놀란가슴 두근두근

개나리꽃 진달래꽃 젊은시절 그꽃이고
푸릇푸릇 돋는새싹 싱그러움 그대론데
왠지모를 살풋한정 젖어드는 꿈결속에
첫사랑의 추억들이 아롱아롱 봄철이네

출렁이는 녹색물결 천둥번개 성난파도
바삐돌아 휘몰아쳐 돌아볼새 없는시간
삼복더위 이불삼고 벌레소리 베개삼아
잠설치고 휴식아껴 넋나간듯 보낸세월

쓰르라미 풀벌레들 애처롭게 울어대고
참외수박 온갖과일 세월들이 익어가니
녹음방초 우거진골 분주하게 오가는새
짙어지는 녹음들이 땀에젖는 여름인가

어스름한 저녁놀에 톡톡튀는 밤송이들
누런들판 둘러보며 젖은땀을 훔쳐내니
방긋웃음 재롱속에 탐스럽게 익은열매
허리펴고 바라보다 소스라쳐 놀란가슴

푸르른날 청운의꿈 더듬으며 짓는한숨
구만리길 휘휘돌아 정신없이 달려온길
휘날리는 낙엽속에 추억들이 얹혀있어
누런들판 추수감사 서리앉는 가을이고

빈가지를 바라보며 허전함이 밀려들어
몰아치는 칼바람에 텅빈가슴 썰렁하고
소복소복 쌓이는눈 외로움이 쌓여가니
저녁노을 바라보며 꿈이련가 생시련가

젊은날의 추억들이 끈끈하게 달라붙어
빛이바랜 풋풋함에 젊은시절 아린향수
잡지못한 세월속의 아쉬움에 깃든설움
돌아보는 쓸쓸함을 부인할수 없는겨울

사계(四季)

첫사랑이 곱게물든 개구리가 팔딱팔딱
붉은매화 화사할새 벚꽃놀이 제철만나
진달래꽃 개나리꽃 나물캐는 아낙네들
밤꽃향에 잔뜩취한 아지랑이 봄날이고

아카시아 짙은향기 꽃잎훑어 술을담고
매아미들 쓰르르르 참외수박 원두막에
이글이글 타는태양 시원할손 물놀이에
장미찔레 가시돋아 아픈가슴 여름인데

누런들판 허수아비 훠이훠이 참새쫓고
밤송이알 톡톡튀며 귀뚜라미 바삐울어
풍성풍성 오곡백과 황금들판 출렁출렁
푸른잎에 물감칠해 울긋불긋 단풍가을

옹기종기 모여앉아 고구마를 구워먹고
시린손을 불어가며 얼음낚시 스키타니
초가지붕 고드름에 캐럴송이 들려오고
앞산뒷산 은빛세계 눈꽃피는 겨울이네

새싹돋아 아롱아롱 겨울가고 봄날오니
녹음짙어 찌는열기 봄날가니 여름오고
귀뚜라미 울음소리 여름가고 가을오니
서린입김 살얼음에 가을가니 겨울오네

뚜렷할손 사계절에 환절기가 더해지니
우리강산 금수강산 무릉도원 예아닌가
자연자원 보존하고 사계절을 만끽하니
자연사랑 나라사랑 웰빙건강 따로없네

평온

가을가고 낙엽지니 벌레소리 자취없고
날은개어 산아래엔 절로그늘 지우는데
눈꽃송이 언뜻비쳐 겨울그늘 다가오고
구름들이 가고오나 산은서로 다투잖네

저편하늘 밝은달빛 강물속에 드리웠고
강물저편 머언산은 허공함께 붙었는데
맑은강물 한굽이가 마을안고 흐르더니
빈하늘의 강촌풍광 매일매일 그윽하다

외로울손 기러기가 해를지고 날아가니
나그네의 발걸음은 가던길을 머뭇머뭇
가고오는 화답여운 깊은산속 메아리에
서로친해 가까운것 물가운데 원앙이네

개었다가 비가오고 비오다가 다시개니
하늘道도 그러한데 세파속의 인심이랴
한평생을 낙붙일곳 이땅에는 없음인데
기쁨좋다 어디에서 평생낙을 얻을건가

서리맞은 단풍잎이 꽃잎보다 붉었으니
초야속의 아름다움 단풍꽃잎 누가알까
어여쁜잎 그모습을 연못속의 달에꿰어
갈잎쓰는 바람에게 향내음을 전해주고

구름깊어 간곳몰라 한가롭게 홀로사니
달은희고 바람맑아 절로흥취 돋움이라
바깥손님 오지않고 산새들만 지저귀니
대밭으로 평상옮겨 길게누워 책을보네

깊은 설산 난초 향기

푸르른산 높고크고 시냇물은 깊고맑아
저산길을 오르내림 길은오직 하나인데
아득하게 푸른숲에 짙은안개 서렸으니
마주하는 모든것이 진리품은 모습이라

산숲향기 실은바람 꿈길향기 싱그러워
달빛향기 은은하고 산꽃향기 그윽한데
피곤하면 솔그늘에 슬그머니 누웠으니
깊은설산 난초향기 누가냄새 맡을건가

허공속에 티끌이요 티끌속에 허공이라
안팎없는 빛덩어리 온누리에 가득하니
물밑뚫은 달빛이나 수면흔적 하나없고
갈잎쓰는 달그림자 바람한점 일지않네

뭉게구름 팔아먹고 맑은바람 사고보니
석양빛을 희롱하는 토끼의뿔 석자이고
새를쫓는 시어미의 방귀씨앗 서말이라
살림살이 바닥나서 뼛속까지 가난하고

가질수도 버릴수도 피할수도 없는물건
오가는곳 따로없어 형체없이 존재하고
두루두루 싸안으니 둘이아닌 한몸이라
일을마친 무위진인 끄덕끄덕 졸고있어

달없는밤 산빛만이 고이내린 눈에어려
겨울모란 눈꽃송이 밤향기에 취한거동
눈에선한 가지위에 썰렁할손 넋들이여
한숨시름 품어안고 만리길을 가는구나

임이없는 바람결은 내가슴을 에이는데
떠나는이 뒷모습은 한마리의 학이련가
눈꽃송이 매화꽃이 여전하게 웃는사이
복사꽃은 봄바람에 조각조각 붉었어라

바람맞은 나뭇가지 너럭바위 쓸며울고
맛난샘물 바위뚫고 차가웁게 솟아올라
황천에는 동트는날 있을리가 없건마는
텅빈가지 때가되니 움틔우며 파안대소

사군자의 향기

한평생을 춥게살되 헤프잖은 절개의향
축일부녀 머리장식 일부종사 봄의전령
벚꽃모습 닮았으나 요란하지 않으면서
배꽃과는 비슷해도 청승스런 태가없고
이른봄에 눈이와도 꽃샘추위 인내하며
피워낸꽃 세한삼우 아치고절 매화라네

깊은산중 은은한향 멀리까지 퍼뜨리며
고고하게 자태뽐내 자라나는 모습인데
충성심과 절개상징 사랑받는 멋진풀잎
고아할손 선비표상 글속에도 그림에도
운치좋고 향이좋아 빠지잖는 고결함에
부드럽고 꿋꿋한맘 외유내강 난초라네

서리내린 늦가을에 인내지조 꽃피우며
만물시든 쇠락시절 홀로피는 정절은자
찬서리를 이긴절개 아름답게 피어나서
세속과는 벗하잖고 숨어사는 표상인데
화단한쪽 울타리를 아름답게 장식하며
향기또한 으뜸이니 오상고절 국화라네

빈공간의 아름다움 자신속을 비운군자
삿갓시인 유명세에 훤칠한키 곧은절개
사시사철 꿋꿋함에 청빈선비 상징이니
시시때때 분노한듯 때론맑고 부드러워
부는바람 물결대로 이리저리 되는대로
푸르름을 잃지않는 세한고절 대나무네

동고동락

초롱초롱 눈망울에 그림같이 곱던여인
미운정에 고운정을 오순도순 섞어담아
벌거숭이 아스팔트 뒹군아들 개구장이
목을매단 바나나에 감동먹인 깜찍한딸

알콩달콩 부부인연 동고동락 이고지고
울고웃는 그가운데 즐거움반 눈물이반
돌이킬수 없는세월 가녀린속 헤집으며
서리앉은 부부행색 거울모습 아린마음

꽃으로핀 사랑이란 꽃시들면 스러지고
땅에새긴 사랑이란 바람불어 묻히는데
기쁠때에 가장먼저 생각나는 당신이고
슬플때도 가장먼저 생각나는 당신이네

이세상의 모든행복 비교할수 없는사랑
나에게온 금생인연 값진보물 바로당신
화분속의 기화요초 웃음꽃펴 좋은날들
사시사철 맑은향에 세월잊는 행복이라

고마움에 겨운마음 쓰린속을 뭉턱베어
황금빛에 물든사랑 이심전심 아로새겨
행복담은 날갯짓을 거실창에 걸어놓고
맑은바다 시린옥빛 고운물감 향기걸러

안개닮은 추억향수 저녁놀에 걸린수심
잔주름에 그늘진속 잿빛마음 단장하면
침잠하는 아내마음 도화빛에 화색돌아
밝은달빛 환한미소 추녀끝에 걸릴래나

여늬 부부의 자화상

자식점지 깜빡잊고 딴짓하던 삼신할매
번개타고 천둥주문 치성으로 깨운정성
합궁한지 수삼년에 점지받은 어여쁜딸
잘룩사사 날씬오오 아담육육 귀욤칠칠

건넌마을 통장아들 감언이설 공들임에
달콤한말 홀딱반해 높은콧대 꿰인팔짜
똥눌때와 밑닦을때 어찌그맘 같을건가
뉘엿뉘엿 해질녘에 이들부부 거동보소

난초자수 이쁜옷도 때깔안나 승질난몸
묵고묵고 묵다보이 배불뜨기 되야가꼬
젊은청춘 수십년을 무임봉사 억울혀서
이자까정 받을라꼬 독기품고 벼른할멈

부지런히 묵고묵어 안질리는 돈이기에
그잘난돈 친해보자 얼르다가 날려뿔고
대외활동 일등지식 교양만점 겉모습에
왕왕왈왈 소갈딱지 집안에선 밴댕할배

부비부비 해찰떨다 깜빡하고 더와뻰길
되돌아서 헐레벌떡 정신읍는 빠꾸인생
나이묵고 힘빠징께 불쌍하게 뵈는영혼
드런숭질 못버리니 내뻬리모 몬살영감

궁디잡고 땡겨밀다 간땡이만 부어가꼬
들들뽂아 흔든다꼬 기죽을리 없는할매
잔소리에 이골난삶 눈치코치 도통할배
주리틀어 앵긴다꼬 게워놀꺼 없는영감

쉴새없는 뜀박질로 허둥지둥 살다보니
겁낼것이 없던젊음 피둥피둥 검던머리
희로애락 살맞대고 우여곡절 나눠가며
함께한정 수십년에 파뿌리가 되얏음에

합궁지심 동상이몽 뛰어봤자 벼룩부부
가물가물 기억력에 외쳐봤자 볼멘소리
알뜰살뜰 삭은몸띄 팅겨봤자 앓는소리
흘겨보면 별수있나 티격태격 살고지고

부부 관계

아들딸을 훈육하는 남편말을 끊다보면
남편들이 받는상처 여자들은 의식못해
작은상처 쌓여감은 부부관계 불만원천
아들딸들 무의식중 아비무시 씨앗이라

남편장점 모아모아 시시때때 칭찬격려
전심전력 역량발휘 돌고래춤 추는남편
가랑비에 옷젖듯이 최상결과 완성일로
남편들의 능력발휘 아내영향 지대함에

남편에겐 착한아내 아이들엔 천사엄마
시가에선 며느리로 직장에선 유능사원
자신몫엔 자린고비 가족위해 동분서주
아들딸과 남편위해 알뜰살뜰 헌신봉사

입바른말 궂은소리 감정긁는 쓴소리엔
둘도없는 성인군자 천사라도 등돌림에
좋은점만 골라칭찬 나쁜점은 덮는배려
칭찬격려 일관하면 돌부처도 돌아앉지

마음에도 없는말을 지각없이 쏟아내면
상처주고 상처받는 어리석은 부부관계
사소한말 한마디에 천당지옥 오가는법
등돌리면 남이라는 가깝고도 머언사이

예뻐보여 사랑함과 사랑해서 예쁜것은
얼핏보면 같은사랑 착각하기 쉽지마는
능동적인 사랑법과 피동적인 사랑의미
세밀하게 살펴보면 천양지차 다른사랑

산에 오르다

보드라운 봄바람에 새싹돋는 싱그러움
물오름에 타는봄날 찬란한빛 황홀함에
보약산삼 귀한녹용 몰래독식 과분한듯
물색읍시 달아올라 홍당무가 무색한님

솔숲향기 청량감에 알콩달콩 아기자기
단정하게 여민차림 무리없이 오고감에
청산유수 흐르는듯 살랑살랑 앞서는님
단청불사 마다않고 불콰하니 달뜬모습

산천경개 조화로움 거암괴석 기기묘묘
사면팔방 이산저산 영락없는 산수화요
깎아지른 벼랑끝에 떨어질라 조심조심
늙은아재 젊은어멈 뒤질세라 기를쓰고

계곡물에 더위잡고 숲길돌아 올라갈제
깊고깊은 골짜기물 샛강으로 흘러가고
고인물이 폭포되어 한꺼번에 쏟아내려
시원하게 우르릉쾅 폭포바람 향기롭다

젊은아재 늙은어멈 옷입은채 풍덩풍덩
폭포유수 맑은물에 찰박찰박 노닐다가
능선위에 올라서니 산메아리 이야아호
싱그러운 산울림이 산골짜기 울려퍼져

옛조상님 멋진시조 줄줄찰찰 읊어가며
잔솔가지 뚝꺾어서 수풀속을 헤쳐보고
설설기는 까투리도 후여후여 날려보며
밀어주고 끌어주고 어여가자 아고숨차

눈꽃산행

아직일러 밤중이라 어두컴컴 이른새벽
한그릇의 국밥으로 아침식사 얼른마쳐
길가사방 조용하고 달빛별빛 은은하니
산행버스 한참가도 해뜨기전 어두운데

설산설경 기대하며 눈길밟는 겨울산행
설레임이 앞장서는 신바람의 산오름에
얼어붙은 산행길을 한발자국 잘못디딤
이승저승 갈림이라 안전산행 다짐하며

갓길위에 쌓인눈길 어려웁게 찾아드니
얼어버린 등산로는 빙판되어 발목잡고
내려앉은 서릿발에 미끄러짐 잦아지니
불어오는 강풍속에 갈지자의 전진행보

떨어지는 수은주에 체감온도 내려가니
겨울철의 매서운맛 눈길오름 힘이들어
앗차하고 돌아보면 돌아가는 길은멀고
가야할길 아득한데 눈송이가 눈가린다

휘날리는 눈보라에 흐른땀은 속옷적셔
공포스런 굉음내며 세찬바람 몰아치고
얼어붙은 나뭇가지 사정없이 때려대니
칼바람에 흐른눈물 꽁꽁얼어 따가운볼

힘든여정 산행길에 보온병의 따뜻함은
김이모락 나는물에 커피타서 마시는맛
정상에서 바람섞여 풍겨오는 커피향이
숨찬뇌를 자극하니 그기분은 형용불가

안개구름 그가운데 운치있는 풍경이고
소복소복 쌓인눈에 발밑감촉 푹신하니
고통수난 견딘바위 온갖시름 품어담아
새하얗게 쌓인눈위 이름석자 누구일까

고난이긴 만족감에 무한감동 다가오니
흰눈펑펑 쏟아지는 잿빛하늘 운치있고
눈꽃송이 나뭇가지 눈이부신 산의절경
신비로운 일대장관 어찌말로 표현하리

통영 여행

묵묵하고 믿음직한 사위사랑 바탕위에
딸래미의 정성보태 어여쁘게 자란화초
드럼치는 손주모습 짜릿해진 할매할배
놀부할배 왕심술에 짜증할매 눈흘기지

어리광에 재롱만발 눈길홀린 귀염둥이
풍진세파 물들잖은 천진난만 순백의혼
청운의꿈 나래펴고 무럭무럭 건강하게
부모사랑 듬뿍받아 맑고밝은 현이민이

케이블카 타고가며 충무통영 풍치감상
겨울초입 가을풍경 울긋불긋 아름다움
사십여년 격한세월 감회엮은 이색경관
과거영상 서푼이요 현재화면 칠푼이라

아웅다웅 도심떠난 동원그룹 리조트행
룰루랄라 즐거움에 활력찾는 행복가족
영양만점 전복찜에 가리비와 새우얹고
아기자기 오순도순 참깨들깨 볶는여행

알록달록 高峰딛고 바라보는 해상풍경
거대위용 자랑하며 너른창공 수놓음에
손자들의 탄성속에 도도하고 멋진비상
우리일행 환영하는 일곱마리 독수리떼

고소공포 흔적없고 때묻잖아 맑은영혼
거침없이 훌쩍커서 못말리는 개구장이
귀여움에 재롱담은 손자들의 기억속에
아스라이 자리잡아 되새김할 추억여행

무협 찬가

청운의꿈 나래달고 세속의삶 안고돌아
우비고뇌 담아뱉고 천둥번개 스쳐지나
서쪽하늘 기우는해 어스름한 황혼녘에
앞만보고 달려온삶 여유찾는 나그네길

동심으로 돌아가서 무협소설 돌아볼제
시리즈로 빌려다가 엉덩이로 깔고앉아
부모몰래 펼쳐놓고 날밤새며 열독하던
지난날의 추억들이 아련하게 스쳐갈제

상상력에 맡긴결론 오리무중 가치관의
윤리도덕 질서교란 유해매체 홍수세상
초월세상 무한도전 풍부해진 상상력에
인과응보 결론뚜렷 질서확립 기여보비

좌충우돌 바쁜세상 되거두는 인생길에
헐레벌떡 지친몸을 헌의자에 의지하니
북망산의 안개꽃이 눈앞에서 아른아른
여백속의 한가함에 찾아드는 무협세상

줄줄좔좔 읊어대는 무공구결 절창이고
동작동작 그려내는 표현들이 환상이고
끊겼다가 이어지는 내용전개 탄복하며
정신없이 몰입되어 근심걱정 떠난세상

주변환경 어려우나 권토중래 와신상담
면면하게 맥을이어 독자에게 제공함에
어느누가 뭐라해도 사회발전 지대한공
무협세상 맥을잇는 제작진에 박수치네

진정한 행복이란?

인간욕심 욕망욕구 한도없고 끝도없어
만족함을 모른다면 행복이란 요원한것
사소하고 작은것에 만족느낌 인식하고
사소하고 작은것에 감사할때 진짜행복

만족모름 불행이요 만족순간 행복이니
만족만큼 행복이요 부족만큼 불행이라
제아무리 부자라도 만족못함 불행이요
제아무리 가난해도 만족하면 행복하네

외부에서 생기잖는 스스로의 만족느낌
자신떠나 있지않은 자기자신 행복인식
마음안의 만족이요 마음안의 행복인것
마음으로 만족느껴 마음으로 행복하네

헛된욕망 욕심욕구 집착에서 벗어나서
작은일에 만족하고 만족느낌 행복찾기
세살박이 어린이도 말로하긴 쉽지마는
여든살의 어른들도 실천하긴 어려운법

힐링 주문

노을빛에 휩싸인채 산등성에 접은나래
용솟음의 새날앞서 어둠덮고 청하는잠
바닷물을 덮어쓴채 무저갱속 묻힌태양
검은파도 으름장에 소스라친 적막고요

아프게한 너의마음 아프다는 나의마음
너와나의 주인공은 둘이아닌 주객한몸
주객한몸 내가나를 해할수는 없음이고
아픔씻어 낫게하는 주인공도 일체한몸

마음일랑 텅텅비어 병붙을곳 없음이요
스러지고 깨어남은 주인공의 작용이라
애처로운 절규속에 실체없는 아픔고통
주인공에 맡기나니 네몸네가 낫게해라

천상천하 유아독존 한마음인 주인공아
혼절하는 노을거둬 인등불을 밝혀놓고
주인공의 간절한맘 염원실린 주문으로
믿고맡겨 지켜볼게 네몸네가 낫게해라

부부의 향기

내색않는 그마음에 끈끈한정 스며있어
두근두근 가슴으로 전화받는 소박한꿈
한결같은 동반자에 감동먹은 하트세개
변치않는 진실속에 행복영화 가득하고

무뚝뚝한 질박함에 귀한속정 이어가니
아름답고 멋진원앙 오순도순 알콩달콩
와이셔츠 다림사랑 잉꼬부부 애정담겨
사랑가득 행복가득 부부금슬 샘이나고

춘하추동 사계절에 목련같이 귀한모습
향기로운 치자꽃에 그리움의 하얀벚꽃
변치않는 동반자에 무르익는 꿈의향연
한결같은 달과별에 사랑이름 걸려있고

하수상한 세태속에 백년해로 희귀한데
든든하게 가정지켜 귀한사랑 이어가니
아름답고 멋진가정 오순도순 알콩달콩
웃음만발 사랑만발 향기만발 행복만발

달의 여인

그윽한달 눈동자에 서린애환 고운여인
일구월심 헌신봉사 천상선녀 나툼이고
설운나목 흰눈편린 엮어모아 장식하니
물레여인 검버섯은 연꽃관음 화현이라

쏟아지는 달빛아래 쫒줄타는 가녀린님
끊어질듯 이어지고 잠기는듯 울려퍼져
맑은바람 고요속에 소름돋아 청아한음
허허로운 고적감에 애간장을 다녹이고

구름뒤에 숨었다가 빼꼼하게 내민모습
소슬바람 수줍은듯 배시시시 웃는얼굴
우수수수 내린달빛 자취흔적 버린민낯
삼라만상 산하대지 온우주가 고향인데

단풍사연 서글픔에 흔들리는 달의눈빛
달을품은 연민의정 여린마음 우비고뇌
어김없는 일월교차 서리맞은 청운의꿈
털어말려 하늘보니 시린달빛 영롱하네

노심초사

딸래미와 친구들의 늦은여름 휴가길에
언제이리 컸냐묻는 딸의얼굴 가상하고
이쁘게도 커주어서 고맙다는 그말끝에
핑그르르 싸고도는 눈자위의 뿌연안개

천둥번개 장대비에 문자날린 근심걱정
뇌리스쳐 지나가는 옛날옛적 회고속에
부모님의 근심걱정 까마득히 뒤로한채
자신들의 놀이에만 열중하는 아가남매

연인같이 친구같이 의리있고 사이좋아
사랑스런 아가남매 꽃피우는 행복속에
잠시잠깐 여행보낸 딸래미가 일깨우는
자식낳음 그때가서 알수있단 부모말씀

미래겁이 다하도록 예나제나 변함없이
아가남매 따라걷는 반복교차 삶의행로
좌불안석 오매불망 수시왕래 근심걱정
천방지축 아가마음 노심초사 부모마음

혼인 세태

모진삶에 낙심하고 진흙탕속 헤매이다
반가움에 살떨리던 그리움은 미움되고
운우지정 태초본능 성격차로 티격태격
황홀하던 데이트길 겨운짐에 지쳐가고

처자권속 부모봉양 눈코뜰새 없는생애
옥구슬을 굴리는듯 아름답던 임목소리
술통부쉬 눈흘길땐 꽹과리로 돌변하니
청포알을 쪼았다고 좋다고만 할순없네

부익부에 빈익빈국 혹세무민 가렴주구
제밥그릇 타고남은 옛말된지 오래이니
숨통막는 생활고에 파워청춘 날개꺾고
必婚개념 희박해져 기혼독신 고집않아

우여곡절 품어담은 연못원앙 행복모델
琴줄가려 다듬으며 활줄당겨 음고르며
자나깨나 호접몽에 화관그린 일편단심
오매불망 기대하는 그심사가 애닯고녀

인과의 법칙

좋고나쁜 모든일은 내가짓고 내가받아
콩심은데 콩이나고 팥심은데 팥나는법
나의언행 모든것이 지은대로 결과받음
어김없는 인과법칙 만고불변 진리라네

울며불며 거울보고 안웃는다 성낸사람
구부린몸 그림자에 바르잖다 욕한사람
가지씨를 뿌려놓고 인삼찾는 덜된사람
내인과에 타인원망 어리석고 못난사람

나를위해 남해침은 자기자신 해함이요
남을위해 나를해함 자기자신 위함이니
이간질에 왜곡궤변 부메랑의 과보받아
전생금생 나의인과 원망말고 반성할일

자기한건 사랑포장 남이하면 불륜비난
타인훈계 지식자랑 알랑꼴랑 꼴갑망발
주변환경 바꾸려면 제자신을 먼저바꿔
오직한길 자중반성 인과믿는 바른자세

작심의 양날(刃)

우비고뇌 갈등표출 불확실성 지배세상
오만불손 가공조작 가치관의 혼란교란
협박공갈 소름돋아 우유부단 양심팔고
정의실종 아부아첨 부패타락 무뇌치심

이기주의 욕심앞에 영혼마저 파버린채
이성적인 냉철함도 감성적인 절절함도
거짓기만 이간질에 교활함속 둔갑포장
가증스런 퍼포먼스 미화조작 식상한날

광풍폭우 천둥벼락 추상같은 사자후로
썩은정신 잠재우고 바른정신 일깨우며
소스라친 의리미담 서리서리 감고돌아
어둔구석 고루비춰 만천하를 밝힌등불

비수보다 날카롭고 솜털보다 부드러워
진실정의 사랑으로 승화시킨 아름다움
활기차고 당당한글 뒤흔들어 저민가슴
온몸으로 스며드는 영롱함에 짜릿한날

일장춘몽

쏟아지는 달빛별빛 지붕삼아 놀던이백
술잔속의 달을보며 시선노릇 하잣더니
계수나무 옥토끼를 삿갓선생 희롱하고
달빛받은 관우장비 말달리며 활을쐈지

희로애락 담쑥안고 쉬임없이 흘러흘러
오늘날에 비친저달 아폴로로 점령해도
떼밀수도 늦출수도 조절할수 없는세월
거부할수 없을바엔 즐기라고 했다던가

하수상한 시절딛고 가물가물 아련함에
축제날들 환호하며 캠퍼스를 누빈세대
검던머리 서리맞아 파뿌리가 되야가꼬
싱싱하던 젊은날들 주름살과 맞바꿨네

기척없는 세월품고 뉘집할배 할매된채
술잔속에 애환담아 지난날들 회상하며
칠십년대 대학친우 카톡으로 하나되니
유머해학 삼국지에 날밤샌줄 몰랐더라

성난여신 먹구름에 퇴색하는 도화빛깔
신선대의 산봉우리 풍진세월 겨운노송
시린뺨에 몰아치는 세찬폭우 칼바람에
피울음을 토해내는 오뉴월의 두견새야

눈귀없는 막무가내 인정없는 무정세월
아침점심 푸르던잎 저녁나절 떡잎지고
찰랑찰랑 댕기머리 휘늘어진 버들가지
산새들새 오가는새 희끗희끗 서리앉아

맑은하늘 별빛달빛 구석구석 비출적에
허공중을 배회하는 째깍째깍 초침소리
움틔우듯 낙엽지워 속절없이 맞는절기
봄꿈속을 헤매이다 노을빛에 놀라는삶

담아낸듯 비워지고 나타난듯 사라지고
보일듯이 보이잖고 잡힐듯이 잡히잖아
뭉쳤다가 흩어지는 소꿉장난 무상진리
흔적없는 왕래간에 허허탕탕 비었더라

배회

솜털같은 구름잎이 솔가지를 스쳐가니
나뭇가지 절로울어 산새들은 분주하고
서쪽하늘 외기러기 텅빈가슴 철렁하니
빛이바랜 저녁노을 심장멎은 고목이라

불어오는 솔바람에 시린하늘 푸른강물
손바닥을 발발떨며 창백해진 단풍잎새
가을타는 낙엽냄새 새콤하게 번질적에
가지마다 잎새마다 아쉬움이 얹혀있고

한가로워 무심한강 저문산빛 아득한데
빈숲에는 산새들만 속절없이 울고있어
인적없는 낡은창을 지나가던 바람여니
시린갈빛 쓸쓸한날 어이하여 견딜건가

은하수를 담은물에 오리떼가 날아들어
물빛향수 짙은안개 벌레소리 잦아들고
한물결이 앞서가니 만파물결 출렁이며
허공가득 실은배는 너울너울 춤을추고

일렁이는 물결위에 산빛성큼 내려앉아
깊은산속 흘러드는 형체없는 빛줄기에
흰구름이 바람타고 잠든줄을 뉘알랴만
물소리는 재잘재잘 솔바람은 소곤소곤

싱싱하게 푸르던잎 내린비에 시름젖어
안개품은 새벽기운 고요한강 흐르는데
지난밤에 솔가지끝 배회하던 백옥달빛
강변양안 오고가며 무상진리 쏟아붓네

허공

해가들인 땅거미에 지는낙엽 흩날리니
싱그러운 물빛향기 콧잔등을 간질이고
한조각의 속마음이 머무르고 갈곳없어
하늘가에 흘러가는 구름결을 바라보고

귀뚜라미 새소리에 문득울음 멈추었고
가로등불 깜박깜박 흔들리며 졸고있어
창틈으로 소록소록 떡갈잎이 인사하고
단풍잎이 알아듣고 가쁜숨을 몰아쉬니

달무리를 따라가며 가을빛이 익어가고
낙엽보낸 빈가지가 외로움에 떨며울어
뜨락내린 달그림자 낙엽들을 어루만져
솔바람이 그맘알고 쌓인낙엽 쓸어갈제

구름허공 의지하고 바람허공 유영함에
허공구름 머물렀고 허공바람 잠청하니
나는담쑥 허공품고 허공가득 나를안아
허공잠시 쉰적없고 허공실로 부동이라

물소리는 젖지않고 메아리는 볼수없어
구름온곳 어드메며 바람간곳 어드메뇨
가이없는 푸른창공 햇님달님 바람따라
흰구름꽃 육형제만 하릴없이 오락가락

겨울나기

한겨울의 두견차에 담장님은 도반향기
풍한설을 헤쳐지나 창틈으로 스며들고
달빛아래 풍경소리 소스라쳐 잠깬노송
청설모의 엄동설한 어이견뎌 봄맞을까

쫑긋세운 두귀모습 앙증맞은 청설모야
소한대한 춤다하나 입춘고개 막바지에
우수경첩 달려들어 춘분향에 녹여내면
활개치던 동장군은 오금저려 물러가네

천리만리 허허탕탕 구름한점 없는하늘
오고감이 자유로워 수억겁에 걸림없고
넣고빼고 뒤집어도 중중무진 공한물건
모든것은 본래부터 제자리에 있는것을

풀어놓음 우주가득 거두며는 본래부동
맑은바람 솔솔불어 무상함을 노래하고
계곡물이 흘러내려 찰라법음 들려주니
머문산새 날아올라 재잘재잘 화답하네

춘색(春色)

술조롱박 나뒹구는 월금정의 풍경소리
녹빛타고 우는청죽 산하대지 희롱하고
달빛아래 금줄당겨 쥐락펴락 흐르는정
황혼녘의 어스름에 노송뒤태 엉거주춤

가고오지 않은봄빛 겨울앞에 번을서니
물구나무 세상사에 만고풍상 우여곡절
기척없는 회오리에 안타까움 베어물고
망망대해 항해길에 외로운별 깜빡깜빡

머언절의 종소리가 줄기줄기 스며드니
가을서리 품어안은 겨울산의 너그러움
세월바랜 삶의무게 춘색위에 걸터앉아
눈녹는산 흰구름이 무상진리 쏟아붓고

억겁세월 씻어내려 맑은이슬 머금은차
매화가지 흔들던님 찻잔속에 어리는향
동백숲길 꽃바람에 청아한맘 맑은향기
달을품은 너른못에 청둥오리 한가롭다

산막 야경(山幕 夜景)

작은계곡 물소리에 이슬내려 풀향짙고
산세절반 청풍이요 하늘절반 구름인데
깊은골에 무성한숲 사람발길 끊어지니
가던눈길 머무는곳 철새떼와 마주하네

곡엔짙은 어둠내려 검푸른빛 머금으니
산마루엔 어스름한 운무띠를 휘감았고
시린기운 안개섞여 갈대숲에 스미는데
찬기러기 오가는새 밤이이리 깊었는가

빈뜨락을 비추이며 서리서리 내린별빛
추녀끝을 서성이며 잠든꽃을 매만질제
솔솔부는 산바람이 더딘발길 재촉하니
하늘삼킨 바다저편 달은이미 삼경이네

모든것은 내탓이라 용서받고 용서하며
장엄하게 펼쳐지는 석양앞에 감사하니
구름밀려 태산같이 다가오는 인연인데
내일희망 아니고서 어찌오늘 이어가랴

참된사람 용기있게 용맹정진 깨우치고
허공같은 텅빈집을 보란듯이 벗기는데
무슨업장 그리큰지 보이잖는 굴레속에
어이하여 한심하게 방일하며 지냈던가

무정구름 그속에서 허공꽃을 그린세월
마음들은 어이이리 빈한속에 느슨한지
깊고깊은 업연일랑 놓고감이 당연지사
부지런한 방하착에 지혜광명 밝힐지니

삼세를 왕래하며

논둑밭둑 누비면서 왕잠자리 잡던악동
적막강산 달빛아래 참외밭을 설설기다
약수터의 회귀인연 인륜지사 상봉의례
신혼첫상 라면놓고 어쭙잖던 머언옛날

먼발치의 아들래미 전화없다 투덜투덜
눈에넣어 아프잖은 예쁜손자 재잘재잘
쇠잔일로 구순부모 노심초사 안쓰러움
늘어가는 잔주름에 내색않는 착한아내

부모형제 나고드는 북망산천 코앞인데
비바람에 젖어가며 눈보라를 헤쳐가는
아들딸에 손자손녀 믿음직한 장래모습
되거두고 돌아가는 공수래에 공수거길

배고프면 밥을먹고 졸리우면 잠을자고
과거현재 미래지간 걸림없이 왕래하며
시공초월 자적하는 묘한물건 내게있어
염원일념 해탈지견 하세월에 증득할까

부부 행복 위기 처방

예뻐보여 사랑하던 청춘남녀 피동사랑
내것됐단 안도감에 사랑원인 희석되고
성격차이 생활고에 현실문제 갈등표출
증오씨앗 꾸중질책 사랑심는 칭찬격려

외간남녀 오빠동생 아웅탈쓴 애정행각
피폐해진 도덕사회 윤리풍속 실종더해
말초신경 자극하고 부조리는 성행하고
가계경제 파탄속출 쾌락향락 퇴폐만연

참사랑의 신뢰회복 헌신배려 노력없이
핑곗김에 불륜패륜 바람잘날 없는집안
제잘못은 쏙빼놓고 네탓남탓 일삼으며
불륜부정 합리화에 만인분개 거짓궤변

일탈유혹 제비꽃뱀 엎고덮는 부부위기
출장도덕 장님윤리 쾌락환상 늪의손짓
노숙신세 갈보신세 암흑상징 은팔찌에
풍비박산 패가망신 불을보듯 뻔한세상

우스워서 웃는것은 반사적인 피동웃음
일상통상 밝은웃음 의지적인 능동웃음
예뻐보여 사랑함은 반사적인 피동사랑
사랑해서 예뻐뵘은 의지적인 능동사랑

이세상의 모든인과 그냥된것 하나없어
배려칭찬 노력함이 사랑화목 기반인데
남편탓에 아내탓에 탓병으로 멍든부부
진심담은 배려칭찬 전력투구 해봤는가

불평불만 억지궤변 볼멘소리 부정이요
칭찬격려 배려속에 밝은웃음 긍정이라
부정속에 부정꽃이 긍정속에 긍정꽃펴
긍정꽃이 무르익어 행복꽃이 피는진리

거슬린점 덮어두고 이쁨만을 골라찾아
배려하고 격려하며 웃음짓고 칭찬할제
하루이틀 한주두주 달이가고 해가가면
가랑비에 옷젖듯이 슬금차츰 행복도래

세월

가시밭길 미망인이 차곡차곡 쌓은염원
호국영령 혼에새겨 주렁주렁 걸린회한
붉은노을 말아쥐고 숨죽이며 헤쳐온길
육이오의 민족상잔 매운역사 묻은세월

애끓이던 만남언약 손꼽음에 더딘시간
꿈결같은 임의품속 쏜살같이 흐른시간
얄미웁게 빨리가고 미련스레 더디가고
가려가며 늘고줄어 야속하게 미운세월

풍경소리 딸랑딸랑 아픔시름 추억따라
구름몰래 다가와서 바람몰래 스며들고
아지랑이 빛살타고 꽃향기에 앉았다가
북한강을 휘휘돌아 노을타고 가는세월

우비고뇌 유정무정 평지풍파 쓸어담아
호와불호 대소불문 남김없이 품어안고
시작없고 끝도없이 무심하게 흘러흘러
부족하고 넘치잖는 무한량의 통큰세월

한가위

한가운데 반죽놓고 둥그렇게 둘러앉아
도란도란 날밤새며 송편빚던 추석정취
멀리갔던 일가친척 사연품고 모여모여
황금들녘 바라보며 풍성풍성 왁자지껄

넉넉하고 후한인심 조상님의 음덕기려
추석빔에 용돈받고 잠설치던 꿈의세대
더도말고 덜도말고 한가위만 같으라며
쏟아지는 달빛아래 돌고돌던 강강술래

가고오며 중로상봉 친정어미 딸의만남
고부갈등 극한표현 잊혀진지 오래이고
이웃간의 소통왕래 풍요인심 흔적없고
편의위주 간소화에 관례풍습 변했지만

오랜만에 만난혈육 고운얼굴 장한모습
맞잡은손 짜릿짜릿 얼씨구나 반기는맘
새콤달콤 사과맛에 울긋불긋 취한가을
송편빚는 한가위에 행시빚는 글방님들

위편삼절 열공에도 입에풀칠 힘든세대
한심함의 시름더는 달타령을 선사할제
강물이나 술잔속에 어김없이 나타난달
마을마다 집집마다 공평하게 나눠간달

이태백과 소동파가 저달보며 시를읊고
황진이와 삿갓선생 저달보며 마음나눠
나도또한 그달보고 선인들과 교감하니
저달그달 네달내달 삼세오간 한가위달

교차로에

봄풍경은 마곡이요 가을풍경 계룡인데
백범선생 은거했던 태화산의 마곡사라
사람죽어 저승가면 염라대왕 물어보는
싸리나무 기둥돌기 몇번이나 하얏던고

해학장승 낄낄낄낄 장엄할손 오층석탑
알록달록 추엽단장 처자권속 만면홍조
자욱자욱 일심염원 간절하게 기원할제
마곡사의 여린해송 감동속에 화답하고

습풍말려 연풍맞은 가을밤의 월하정인
몸은가고 마음남아 세월길을 막아서고
여름빛은 왕성하나 밤송이가 벌어지니
봄꽃동산 떠도는맘 추강흘러 사해들고

사오육십 중장년에 짙은녹음 풍설계곡
홍포두른 명산고목 옥빛강에 드리우니
고갯길에 임맞을제 볼우물에 만면홍조
잉어붕어 한걸음에 휘휘돌아 단청불사

먹구름에 한고개요 폭우속에 두고개라
고갯마루 넘을적에 주렁주렁 얽힌사연
그리움에 목마름의 셋째고개 마주하니
지난세월 깃든꿈을 새겨둘곳 아득한데

청홍색색 산자락에 땅거미가 내려앉아
귀뚜라미 기러기떼 제갈길을 재촉하고
엄동설한 찬바람에 문풍지가 슬피울제
새록새록 새긴염원 어디에다 걸어둘꼬

기러기떼 불러모아 영근들판 안주삼아
너도한잔 나도한잔 추색주에 취해가고
만산홍엽 병풍둘러 비갠하늘 높푸르니
자욱자욱 나그네길 지옥천당 교차로에

삼처전심 그중에서 다자탑전 반분좌라
거사보살 앉은자리 천당극락 보이거든
부처님의 위신력에 반자리만 나눠주오
나와우주 하나됨에 걸릴것이 없으리니

추석

코스모스 한들한들 잊혀지지 않는그길
첫사랑의 아련함에 어린시절 추억담아
소달구지 아른아른 바다물결 출렁출렁
물레방아 돌아가고 목화유채 꽃피는곳

만산홍엽 병풍둘러 비갠하늘 높푸른데
기러기떼 불러모아 영근들판 안주삼고
너도한잔 나도한잔 추색주에 취해가니
오고가는 풍년인심 정겨움에 덩실덩실

가족친지 모여앉아 송편빚고 음식장만
오순도순 도란도란 못다했던 회포풀고
과일곡식 상을차려 차례지내 성묘하고
소원해진 일가친척 함께모여 먹고놀고

이야기꽃 피우면서 여유롭고 행복한날
친정어미 시집간딸 회포푸는 중로상봉
감사함에 과일음식 풍성함을 나누면서
달을보고 소원빌어 뜻하는일 이루는날

웃음가득 보따리에 사랑가득 봇짐이라
손에손에 맘과마음 정나누고 사랑주는
더도말고 덜도말고 한가위만 같으라고
정겨움에 푸른하늘 보름달이 싱글벙글

값진사랑 채워주신 노심초사 부모님께
힘에겨운 아내위해 함께해준 남편위해
고향향기 맡아가며 풍성함을 만끽하며
안전운전 무사귀향 감사하는 추석명절

산책길

내린비로 산뜻하게 감은머리 푸른솔잎
상큼할손 그향기에 옷깃소매 다적시며
스며드는 수풀향에 실타래가 풀어진듯
세속인의 상상속에 무한한맘 드리우고

이슬빛이 보석처럼 영롱하게 빛나는산
흰구름이 바람타고 잠든줄을 뉘알랴만
싱그러운 골짜기에 산그림자 드리우니
물소리는 슬그머니 솔바람과 어울리네

맑은햇살 푸른빛이 고적감을 더하는데
고요한숲 헤쳐가며 재촉하는 시린바람
이슬맞은 서러운잎 외로움에 몸을떨며
불어오는 찬바람에 서운함을 토해내니

밝고어둔 상념들이 안개속의 운무인양
술렁이는 바람결에 풀숲가득 두런두런
소로길을 홀로걸어 감초바위 안고돌아
텃새들의 노랫소리 빛살위에 걸쳐있고

나뭇잎이 소곤소곤 귀바퀴를 간질이니
계곡물은 재잘재잘 날다람쥐 쪼르르르
솜털같은 구름뒤에 빙긋웃는 푸른하늘
꼬불꼬불 산길따라 꿈길가듯 걷고있네

황혼 창에 비친 풍광

영롱하게 떠오르는 별빛같은 이름으로
황혼창에 비친풍광 무지갯빛 꿈의자취
솔솔부는 바람몰래 안개속에 걸어두고
푸른마음 하얀마음 간직하고 지냈더니

꿈에없던 구제금융 애끓이던 어둠그늘
꿈이기를 바라면서 꿈아닐까 걱정하며
오리무중 안개속에 잎거두는 빗소리는
핏물절반 절반눈물 한숨끓인 지옥전골

아지랑이 포부위에 지는낙엽 벗을삼아
삼복더위 이불삼고 고드름을 베개삼아
잠설치고 휴식아껴 불꽃튀는 치열경쟁
요술쟁이 천하장사 젊음으로 채운날들

졸리움을 베어물고 허기짐을 안주삼아
살점도려 희망심고 뼈를갈아 꿈을캐며
푸르른날 청운의꿈 혼미속에 걸어둔채
되돌아볼 틈새없이 넋나간듯 보낸시간

살갖스친 옥빛바람 고운자태 함박웃음
화사하게 피어나는 연꽃같은 아들딸들
알찬결실 환희속에 시름고통 녹아나고
맑게빛나 시린마음 복락화목 이룰적에

서녘하늘 어스름에 붉게물든 저녁노을
날아드는 기러기떼 눈꽃소식 전해오니
스쳐가는 눈길마다 스며있는 쓸쓸함에
창공딛고 서성이는 구름인양 허허로워

보고파도 볼수없고 가고파도 갈수없어
연인처럼 감미로운 황톳길에 새긴흔적
비어있는 하늘가에 남아있는 삶의자취
희끗희끗 앉은서리 거울모습 낯이설고

한걸음을 다가가면 그만큼을 멀어짐에
거품처럼 부풀려진 텅빈가슴 공허함을
구름위에 마음펴고 아린향수 고이접어
단풍잎에 겹겹싸서 세월속에 묻어놓고

쌓인세월 인고담아 늘어가는 나이테에
잎새떠난 고목의향 쓸쓸함이 묻어나와
찾아오는 꿈길마다 새록새록 저린날들
가지떠난 낙엽처럼 흩날리는 삶의역정

울긋불긋 화려함에 무상함이 아른아른
설렘으로 바라보던 기억들이 모락모락
갈바람에 물들이다 바알갛게 끓어올라
끈질기게 식지않는 추억들이 타는풍광

호반의 풍경

바람결에 부서지는 곱고시린 달빛으로
찰랑이는 파도위에 굽이치는 신비로움
물속달에 얽힌사연 추억들을 꿰는사이
벌레소리 까만밤은 아스라히 물러가고

갈고닦은 보석처럼 영롱한빛 품어내며
이슬털고 일어나서 안녕하는 영롱한산
갈기갈기 빛살속에 너울너울 춤을추며
물안개가 싱그러운 호숫가의 아침인데

잔잔함에 일렁일렁 구름물결 갈라지고
솔바람이 머무르며 맑은옥빛 흐르는듯
수초사이 한가롭게 유영하는 물고기떼
흩어지고 모여드는 평화로운 수채화라

웅장하게 누워있는 산빛가득 절경이고
한가로이 떠다니는 오리떼가 정에겨워
평화로운 호숫가에 안개구름 스치는데
아침에는 물속이요 저녁에는 산속이니

높은하늘 맑은바람 사시사철 밝은달에
넓은호반 푸른물결 파도소리 운치있고
산새소리 맑은음향 솔가지에 앉아있어
바람윙윙 설법하니 미륵바위 허허웃네

지란지교

짙은녹음 옥색물빛 무지개로 걸러내어
이산저산 울긋불긋 물들이는 가을빛에
허수아비 긴팔벌려 훠이훠이 세월쫓고
그리움이 무르익어 홍조띄운 추엽단풍

날다람쥐 쪼르르르 가고옴이 없는길에
물살가른 대그림자 은빛물결 흔적없고
서늘하게 불던바람 자취없이 사라지니
강바닥의 물고기떼 달빛광명 희롱하고

발길닿는 흔적마다 그리움이 방울방울
한잔와인 마주하는 기다림이 애절한데
풍물잡혀 돌고돌아 세월안고 가는길에
무정한님 서리꽃은 앞서거니 뒤서거니

인고의삶 세월무게 제몸비운 나무처럼
숱한사연 세속의짐 삶의무게 내려놓아
생의절정 황혼의빛 방하착에 텅빈마음
비바람에 굿지않는 맑은향기 행복이라

너른들판 하늘하늘 코스모스 만발하니
은은하게 들려오는 무지갯빛 범종소리
물소리에 바람소리 풍경소리 그윽하고
추색강변 도란도란 깨알같이 영근사랑

마음의정 꿈이야기 풍요로운 가을들녘
귀뚜라미 또르르르 가을향기 글밭일궈
설레이는 그가운데 하늘가득 꽃핀우정
멀리서나 가까우나 북돋는힘 지란지교

블로그 이웃의 향기

서로간에 친구맺고 왕래없는 블로거에
마음에낀 이끼뽑아 충실응대 강요할제
관리혼란 말만이웃 가차없이 목줄뎅겅
바짝쫄은 자라목에 엉거주춤 이웃친구

대화꽃이 피는동네 어설픔에 두근두근
슬금슬금 눈치보며 미적미적 한발딛고
여차하면 삼십육계 한발뒤로 빼놓고서
전국설객 모인거동 힐끔핼끔 엿볼적에

장대비에 목욕하고 뙤약볕에 찜질하고
휴가받고 웃돈챙겨 추억속에 걸린여름
열병돋은 뾰두라지 열상화상 물집속에
짙고푸른 산과바다 휴가축제 담겨있어

재치익살 해학속에 해박질박 광박피박
경고잊고 한발두발 내배째라 들이미니
배꼽잡고 웃음만발 열대야는 흔적없고
무르익는 대화속에 웃음꽃이 피는동네

몰려오는 폭풍우에 꽁무니빼 열대야가
눈물콧물 범벅되야 울고가는 구월고개
심술궂은 불면폭염 소나기에 쫓겨가니
한들한들 코스모스 귀뚜라미 잠을깨워

놀부여름 가는소리 너른들판 오곡백과
약숫물에 목축이니 시원한맛 달콤상큼
부담없는 재담모아 배꼽빼는 네모상자
정에겨운 재치익살 블로그가 들썩들썩

갈바람에 이웃마실 이고지고 설터지고
귀한손님 맞이하는 반가움에 심터지고
오신손님 마중길에 부실누옥 문터지고
오고가는 대화속에 정든이웃 복터지고

이것저것 터진김에 눈물콧물 대박터져
자욱자욱 취한걸음 변변찮은 꼬락서니
눈치코치 염치까치 가릴것이 없는살림
설향속에 담차한잔 여여하게 쉬어가소

생태터널의 가을

들고놓고 들고놓고 슬렁슬렁 가는걸음
우암산길 은행나무 바람결에 우수수수
천둥번개 가을비에 소스라친 단풍잎새
노란잎에 홀딱반해 바알갛게 물든단풍

적막강산 고요깨는 차량소음 부르르릉
파르르르 떨던잎새 팔랑팔랑 떼구르르
서걱서걱 소곤소곤 추억담은 이별노래
다음생엔 하나되어 오순도순 살고지고

세월품고 이별하는 가지잎새 시끌벅적
앙상하게 손흔드는 나뭇가지 빠이빠이
수북수북 쌓인낙엽 따순겨울 다짐하고
좁다란길 스쳐가는 토종산새 정에운다

푸르르던 산하대지 잰걸음에 녹음거둬
노랑물든 개나리에 벚꽃봄날 회상하며
추상할배 스토킹에 폭염할매 꽁지빼니
거센태풍 폭우맞아 속절없이 잎만떨궈

수북수북 쌓인낙엽 사뿐사뿐 즈려밟고
거의매일 거치는곳 우암산의 생태터널
물소리는 젖지않고 새소리는 물들잖고
잡아둘것 하나없어 시시각각 바뀐풍경

창공밟고 모였다가 흩허지는 구름처럼
옷고올다 피고지는 되돌이표 나그네삶
재자가인 절로가고 산하대지 절로변해
일희일비 절로겪는 나의삶도 절로절로

살기 좋은 우리 동네

도심속의 아담조경 공기좋고 한적한곳
이웃사촌 충심배려 감동심경 옮겨놓아
조건없는 칭찬에는 돌고래도 춤추나니
베풂나눔 훈훈한정 인심좋은 우리동네

사연마다 우여곡절 희로애락 담아내니
산을끼고 돌고돌아 숲속에서 사는기분
그늘없이 자유분방 환희로운 마음마음
의기투합 이웃사촌 웃음꽃이 피는동네

너나우리 아낌없는 자연사랑 굳은초석
숱한세월 변함없는 평화로움 유지하고
주객일체 어울림에 한마음을 간직하니
자리이타 원동력의 후덕인심 깃든동네

연공서열 집착않는 허심탄회 초월주의
기여보비 나눔속에 돈독해진 동네친목
삶의지혜 모여모여 평온토양 정착되니
연년세세 안식처로 손색없는 멋진동네

행불행을 짊어진채 시간꿰어 목에걸고
연식불문 성별불문 반가움에 훈훈한정
복중에도 제일좋은 건강화복 가득한곳
가득가득 복주머니 주렁주렁 걸린동네

행운유수 나그네길 유유자적 황혼의벗
행과불행 함께하며 울고웃고 지내더니
폭우한설 거쳐지나 동고동락 그바람에
청정고을 그중에도 살기좋은 아파트네

카페 25시

이쁜마눌 처가사랑 닳고닳는 처가문턱
서방싫어 가는계집 상차리고 갈까마는
똥마려운 계집애가 국거리를 썰어놓듯
답글쪽지 오고가며 이리질쑥 저리찝적

눈길닿는 게시물에 꼬리글이 정겨웁고
김안나는 숭늉이라 안보이게 뜨겁듯이
사박사박 드는정은 저도몰래 든다더니
무시왕래 쪽지댓글 원근없이 흐르는정

동네색시 믿었다가 장가못간 혼백인듯
동지섣달 긴긴날밤 꿈속서방 만난듯이
아름답고 낯익은닉 질투나고 생소한닉
한동안만 안보여도 갈증나게 보고잡네

님아님아 눈팅님아 댓글한자 쓰고가소
글쓴님이 힘을얻어 글바람이 싱그럽고
댓글답글 오고감에 자신몰래 흐르는정
멀리있는 사람들도 쉬이정이 들더이다

기둥치니 들보울듯 이리빵끗 저리찡끗
답글쪽지 오고가며 시시때때 흐르는정
가랑비에 옷젖듯이 사랑꿈에 젖어드니
카페안의 훈훈한정 산행모임 순리로세

두근두근 오프라인 설레임속 만남이여
똘이아빠 썬그라스 멍이아재 개똥모자
옥이엄마 청바지에 석이이모 한들한들
카페안의 사랑노래 산행길로 이어지네

산천경개 둘러보니 녹녹홍홍 난만한데
서북방의 도봉산은 화류동풍 둘렀으니
깎아지른 릿지코스 사내체면 구길세라
똘이아빠 멍이아재 기를쓰고 오르는데

푸른숲에 더위잡고 산수밟아 들어가니
쫄쫄콸콸 산골물은 한강으로 흘러가고
폭포유수 맑은물에 토끼산새 날아드니
낙락장송 울창하여 녹음방초 향기롭다

옥이엄마 석이이모 나팔바지 반만걷고
청산유수 맑은물에 손도씻고 발도씻고
참솔가지 질근꺾어 입에담쑥 물어보고
흐물흐물 지친몸이 백운간에 대롱대롱

물은본시 은하수요 경치또한 천국이라
사면팔방 둘러보니 명산대천 완연하고
꾀꼬리도 짝을찾아 흥겨움을 더하는데
노란벌에 흰나비도 향기찾는 거동이라

남창북창 노적같이 다물다물 쌓인정에
정도지킨 가정평화 건강웰빙 행복한삶
맘내키면 이차삼차 정분나면 불륜이라
과분하면 패가망신 당할장자 없더이다

책임지는 질서문화 건강가정 행복만점
맑고밝은 웃음속에 활력있는 천국이요
무책임한 타락문화 패륜가정 패가망신
어둠속에 피눈물이 그칠새가 없노매라

피고 지고 남은 흔적

파릇파릇 돋아나는 새싹향기 풋내음에
바알갛게 용을쓰며 물올리는 나뭇가지
천지사방 꿈틀꿈틀 태동의꿈 싱그러워
아롱다롱 설레는맘 나비따라 팔랑팔랑

원두막에 둘러앉아 참외수박 골라가며
두런두런 박장대소 꿈결속에 새긴시절
더위물고 쓰르르르 헐레벌떡 숨찬매미
산들숲속 벌레소리 삶의숨결 찌르르르

가물가물 너른들녘 벼를베던 농부풍경
베고털고 담아내는 트랙터가 대신하니
속삭이는 은행잎에 노오랗게 물든추억
날아가는 기러기떼 자수놓은 붉은하늘

앙상하게 남은가지 한가로이 건들건들
눈보라속 헤쳐가며 달려가던 안타까움
스물스물 기어나온 한편영화 펼쳐보며
익어가는 고구마의 단내음에 젖은향수

세상만물 두루비춰 밝은빛을 토한태양
서산마루 넘은빛살 땅거미를 드리우니
홀로걷는 산책길에 저녁달이 따라오고
시냇물가 스쳐지나 피라미가 팔딱팔딱

들고나는 금은보화 내것인양 탐착하며
성공실패 왕래하던 희로애락 영욕의길
생노병사 숨숨골에 차곡차곡 쌓은생애
피고지고 남은흔적 제행무상 진리하나

2장 카페의 향기

네모 상자 매개체로
취향 취미 목적 따라 모인 그룹
친목 도모 카페에서
...

시류 따른 운영으로
창의적인 시제韻字 독자 개성
행시방의 교감 소통
...

사랑 꽃무늬

사박사박 홀린정은 나도몰래 빠지는정
랑이좋아 드는정은 부부금슬 북돋는정
꽃향기에 물든정은 헤롱헤롱 취하는정
무심한척 숨긴정은 너나없이 설레는정
늬들몰래 품은정은 두근두근 떨리는정

국화꽃 향기

국화송이 빠지잖는 환영축하 행사연회
화려하고 아름답고 조화로운 정절의꽃
꽃의의미 되새기며 귀한자리 빛내는꽃
향내음이 모락모락 격조높고 그윽한향
기쁨주고 사랑받는 오상고절 만인의꽃

하얀 민들레 & 노란 민들레

하고많은 꽃말가려 변치않고 주는사랑 안고새겨 우짜겠노
얀센제약 주변에핀 민들레가 반갑다고 별빛달빛 도란도란

민초들의 희망가에 어둠거둔 밝은마음 봄햇살에 달뜬시민
들판가득 어우러진 상춘객의 봄나들이 마중하는 예쁜꽃들
레몬향기 새콤달콤 햇살품은 벌나비춤 단꿀찾아 둘레둘레

연두색 희망

연인따라 나서는길 파릇파릇 새싹돋아
연모지정 붙안고서 운치돋운 봄빛산수
두근대는 임의가슴 천둥치듯 콩닥콩닥
두주불사 장부가슴 호승심이 불끈불끈
색거한처 안빈낙도 무릉도원 거니는맘
색깔고운 개나리가 아지랑이 희롱하고

희망품고 재잘대는 계곡물의 시원함에
희나리가 타는가슴 황혼나이 걸어둔채
망망대해 일엽편주 거센파도 헤쳐온삶
망년지우 귀한인연 훈훈한정 새겨보네

연보랏빛 물든하늘 기우는해 바라볼제
연기타고 들려오는 머언절의 범종소리
두두물물 삼라만상 법계아님 없음이라
두루차고 밝은지혜 해와달이 초라함에
색즉시공 공즉시색 무상진리 법음으로
색과공이 다르잖은 하나임을 일러주고

희미하게 움터오는 자아의싹 일깨움에
희귀한법 깊이새긴 해탈지견 밝고밝아
망향천리 멀다한들 겁낼것이 무에있나
망상번뇌 평정하면 육도윤회 면할것을

소주 한 병에…

소문따라 기호따라 이리저리 떠도는방
주차만차 상황따라 우왕좌왕 옮기는방

한잔두잔 취한손님 삐끼들이 꼬시는방
병술먹고 약먹으며 쓰린속을 달래는방
에너지가 남아돌아 이차삼차 헤매는방

안심등심 재료따라 기호따라 고르는맛
주당모임 시계보며 상사눈치 살피는맛

한두잔에 피로풀고 너덧잔에 취하는맛
접대비는 바닥나고 비상금도 털리는맛
시시때때 전화받고 금방갈게 미루는맛
로비명목 친목도모 명분찾기 속타는맛

평등공정 바른살림 국민만족 안기는복
안전제일 방어운전 안녕질서 누리는복
을숙도의 환경자원 철새들이 춤추는복

기도하는 간절함에 석가예수 놀라는해
원망접고 희망심어 미래활력 돋우는해
합리적인 판단으로 사건사고 줄이는해
니캉내캉 섭섭해도 따뜻한손 내미는해
다사다난 과거접고 미래의꿈 펼치는해

댓글 답글 품앗이는…

댓글답글 카페풍경 첨단문화 풍미의장
희로애락 품어담은 교감교류 소통방법
글밭일군 자기모습 비쳐보는 거울이니
수고로움 호평속에 용기백배 당연하고

답설야중 불수호란 찾기힘든 긴요한말
가슴깊이 새겨두어 삼가면서 조심조심
글쓴이의 의도대로 순기능만 있지않고
읽는사람 해석따라 역기능도 만만찮아

품격높은 대작에는 너나없는 경외심이
조롱비방 저질글엔 너도나도 엉거주춤
앗차하는 방심속에 잘못읽고 잘못쓰고
뜻하잖은 오해이해 찰나간에 교차하고

이간질에 욕퍼붓다 토설나서 뻘쭘하다
과오덮는 파렴치에 사과못해 못난존심
는개비에 숨긴행적 알량꼴량 지식으로
원치않는 훈수빌미 주책떨다 덜컥망신

소닭보듯 닭소보듯 댓글답글 멀리할제
글쓴이나 읽는이나 시큰둥한 적막강산
통통튀는 센스글에 긍정적인 댓글답글
현실감각 만담해학 재치보태 금상첨화

교류글에 인색하면 삭막함에 마른감정
글쓰기도 주저주저 글읽기도 건성건성
감사하며 게시한글 감사하게 읽어줌에
정성쏟은 감동글에 심취감화 봇물감동

즉문즉답 대화글에 숙제풀듯 뜸한댓글
모든카페 댓글답글 요지경속 그자체라
시시콜콜 재잘재잘 부족함만 못한행태
눈치코치 염치무시 꼴사나운 애정행각

효충정신 왜곡하고 독판도배 낚을삼고
대접받기 열올리는 꼴불견상 뻔뻔얌체
과정없는 결과지양 작가님들 바른양심
댓글답글 품앗이에 공짜없는 철통인과

행시방이 존재하는 한…

행시방의 원글댓글 코믹한글 정겨운글
시샘질투 간곳몰라 오순도순 다정한글
방장님과 글판지기 호흡맞춘 환상의글
이글저글 가리잖는 공감격려 댓글답글

존재감이 돋보이는 운영노력 결실의글
재잘재잘 주고받는 후한인심 유쾌한글
하하엉엉 울려웃겨 재치익살 꽃피운글
는개비에 감춰두고 전전긍긍 애타는글
한숨접어 유쾌통쾌 배꼽잡고 뒹구는글

웃는낯에 침못뱉는 엉거주춤 미완의글
음악좋고 글향좋아 눈을감고 음미한글
은근하게 느껴지는 고결함에 취하는글

우여곡절 담겨있어 의미깊게 새기는글
리본꽂아 예뻐지듯 장식달아 화려한글
곁에두고 애지중지 어루만져 다듬는글
을녀갑남 너나없이 좋아죽고 못사는글

떠날사람 잡지못해 한숨짓는 이별의글
나무그늘 모여앉아 도란도란 한가한글
질서규정 강조하며 벌칙규범 알리는글

앓고함에 자유자재 여유만만 당당한글
는적는적 끈적함에 피난갔다 돌아온글
답방예방 오고감에 격의없는 품앗이글
니캉내캉 주고받다 교감공감 춤추는글
당근채찍 조화속에 카페품격 빛나는글

사랑과 우정

사연마다 우러나온 피눈물의 정화인듯
구곡간장 저며낸듯 구구절절 심금울려
랑랑한듯 가녀린듯 끊어질듯 이어지며
아련하게 무드타는 황홀경의 애틋한정
과거현재 미래굴레 아낌없이 벗겨내고
사르르르 눈감을새 빠져드는 꿈의향연

우연필연 나너우리 청춘남녀 일궈가는
이상향의 달콤한꿈 날갯짓의 나비효과
정인들의 고운인연 은하건너 맺는결실
삼신할매 태몽들고 즐겨찾는 둥지사랑

사정없는 풍진세파 홀로가는 나그네길
끊임없이 이어지는 생노병사 윤회속에
랑창낭창 호리낭창 유연한체 당당한척
다사다난 인생사의 뒤켠그늘 근심걱정
과한것도 좋잖지만 부족함도 좋지않아
혼자살수 없는세상 더불어서 살아감에

우주유일 부모형제 혈연학연 이웃사촌
숱한인연 지우지기 무시못할 지인관계
정중으뜸 고귀한정 밀고끌어 가까운정
신뢰로써 입증되는 지고지순 귀한우정

쉽게 쓰는 어려운 말(적당히)

쉽게물든 군중심리 뻔뻔해진 죄의식에
네가하니 나도하고 출장보낸 적당히에
게슴츠레 풀어진눈 갈팡질팡 실종도덕
하늘땅과 내가알아 비밀없는 인과응보

쓰나미가 쓸어간듯 광풍폭우 몰아친듯
무주공산 쓸어안고 통곡한들 소용있나
는개비에 숨긴속내 천태만상 요지경속
정도껏의 적당히를 망각한죄 지중한벌

어둠속의 유혹손길 쾌락향락 캄캄절벽
일단한번 떨어지면 재기하기 힘든세상
려말혼돈 반복역사 지옥천당 한끗차이
삼가하고 경계하며 은인자중 조심할때

운중백학 열남자를 싫단여자 오데있고
화용월태 열여자를 싫단남자 오데있나
말잔치의 장광설에 절제없는 음담패설
농담빙자 의뭉속셈 적당할때 꿈을깨지

쉽게쉽게 말하지만 실천하긴 어려운말
알맞다는 안성맞춤 쉬운듯한 적당히요
게걸음에 흥을보며 뛰자거니 걷자는이
이해상반 갈등중에 어느것이 적당일까

쓰리고에 광박피박 상속재산 탈탈털고
적당무시 눈먼과욕 노름꾼의 후회막급
는적는적 비몽사몽 적당주량 어드멘가
동장시장 지사장관 어느지위 적당할까

어렵사리 모은재산 오랜세월 쌓은명예
정성들여 쌓은탑도 한순간에 와그르르
려구미사 꾸밈포장 남의눈치 살핌보다
본인자신 스스로의 자문자답 진실이니

운명이란 핑계일뿐 자업자득 자작자수
도를넘는 불량행태 오해의심 당연하고
말과글로 뿌린씨앗 돋아난싹 못숨기니
지나치게 속뵈는짓 적당초과 구설당연

널 만나고부터

널름널름 물고기떼 가쁜숨을 몰아쉬니
이기적인 환경파괴 자업자득 녹조라떼
만날만날 만남이별 대범하게 수용한척
겉으로는 태연한체 마음깊이 삼킨눈물

나름나름 절제하고 자족인내 배워야지
무자비한 난개발에 후손들은 숨통막혀
고민고민 하덜말고 역천행을 경계하며
대자연이 품은진리 순응하며 살아야지

널뛰기에 그네뛰기 연날리기 제기차기
흔적없는 세월속에 잊혀가는 고유풍속
만월아래 대금소리 고요속에 운치더해
화롯불에 밤구우며 날밤새던 시절있어

나한잔에 너는두잔 권커니와 잣커니에
친구따라 홍콩행차 비몽사몽 헤매다가
고운행시 일군글밭 종자글귀 보석찾아
한올한땀 엮어가는 성취감이 황홀하다

부질없는 불장난에 제집행복 재만남고
부실하게 키운묘목 고사하기 십상이라
터줏대감 시기질투 흥성번창 발목잡고
터지기전 소통예방 온가정이 화평하네

여름휴가

여지없는 빈주머니 무전여행 눈에삼삼
여유로운 마음으로 강산바다 헤맨추억
름름하던 지난시절 괜한객기 접어두고
름내물길 생태공원 찾아봄이 어떠한가

휴가여행 대신으로 무리하지 않으면서
휴식공간 대자연에 여유찾는 진짜안식
가식보단 실속으로 사치보다 근검으로
가고옴에 부담없는 사부작이 좋탁카데

여차하면 배낭꾸려 길떠나던 젊은기백
여여하게 살려던맘 세파속에 이지러져
름늠음의 한끗차이 넣고빼고 새겨보고
름이란놈 둘둘말아 행시뒤로 밀쳐놓고

휴무안식 간절염원 근로자의 꿈과희망
휴머니즘 말만말고 휴가비나 듬뿍주소
가는정에 오는보답 실적으로 나타나니
가렴주구 패덕보단 후덕오너 좋잖은가

여기저기 깊은한숨 끙끙대며 앓는소리
여북하면 저북할까 골몰하는 韻字행시
름자앞에 아를놓고 아름아름 굴려보고
름과씨름 마다않는 바보촌로 예있음에

휴게실에 박혀있다 종소리에 소스라쳐
휴면여백 까묵게한 詩題主를 원망하며
가지가지 사연담긴 행시열기 불타올라
가슴깊이 스며드는 보석글향 달콤하네

오색 구슬이 서 말이라도 꿰어야 보배

오탁악세 맑혀주는 신령스런 마니주에
촌철살인 일필휘지 법음담은 사자후글
색신노예 벗어나는 지름길에 화두참구
백척간두 진일보에 확철대오 기약할제

구름모여 부비다가 흩어지면 자취없고
태어났다 숨거두면 흔적없는 우리네삶
슬픔기쁨 색깔없고 고통분노 모양없어
희로애락 우비고뇌 걸어둘곳 없음이고
이고지고 떠안은짐 번뇌집착 그자체라
가뿐하게 내려놓고 쉬고쉼이 보약이라

서푼짜리 얕은지식 좁은소견 뽐내봤자
경험으로 쌓은지혜 반푼치도 못따르고
말을먼저 앞세우면 칠팔푼이 못면하고
너른경험 깊은지혜 만천하가 공감하니

이슬같은 영롱함의 보석같은 시어들도
문맥살펴 조화롭게 꿰어놔야 빛나는법
라임돋는 홍겨움에 어깨춤이 절로나는
사언율시 매력운율 우리한글 특유의맛
도광양회 벼린시어 시인안목 경련일어
소스라쳐 놀란마음 신선되어 날아갈듯

꿰어놓고 음미하고 빼놓고는 살펴보고
바꿨다가 되돌렸다 앞에놨다 뒤에놨다
어둠내린 고적감에 하늘보고 별을헤다
쏟아지는 달빛아래 벌레소리 뒤쫓다가
야멸차게 버린싯귀 미련남아 다시보고
귀한생각 날똥말똥 굳은머리 쥐어짜며

보물단지 끌어안고 주체못해 환호하듯
보석같은 시어찾아 희열속에 가린세월
배앓이의 고통신음 탄생기대 희망열정
잉태의삶 산통거친 고고성의 옥동자글

충청남북도

충직하고 정의로운 애국애족 감춘속내
우국충정 돋보이는 충열지사 많은고장
청렴결백 근본바탕 대중들이 인정함에
여기저기 모나잖아 둥글둥글 어울리고

남전북답 물폭탄에 한숨시름 덮였더니
어느사이 흔적없이 말끔하게 정리된곳
북창삼우 밀쳐놓고 합심단결 땀흘리니
내고장의 후한인심 변함없는 충청도라
도내곳곳 어델가도 산자수명 맑은바람
정신없이 바쁜세상 굼뜬말투 놀림받네

충주호를 휘휘돌아 월악산을 찾아들제
맞이하는 수안보의 온천욕에 가뿐한몸
청풍명월 산자수명 이만하면 지상낙원
무릉도원 따로있나 이흥취가 바로극락

남녀노소 불문하고 공유하는 자연유산
네땅내땅 가리잖아 아름다운 금수강산
북부남부 할것없이 볼거리와 먹거리로
눈과입이 호사함에 함박웃음 피는동네
도로낀숲 새둥지엔 산새들새 울어예니
앞산뒷내 병풍두른 청풍명월 충청고을

작은 배

작두타는 무속인의 신묘막측 춤사위에
작살맞은 잉어마냥 파르르르 떠는잎새
은구슬을 굴리는듯 반짝이는 별빛처럼
은반위의 갈색요정 율동현란 황홀극치

배탄서방 달콤한말 새록새록 도타운정
배를젓는 송서방의 뱃노래가 구성지다

작심삼일 금연다짐 용두사미 뒷담화에
작황좋은 농민들의 풍년가가 흥에겹고
은쟁반을 타고노는 꾀꼬리의 노래인양
은하수를 한데묶어 쏟아내는 폭포인양

배서방이 배에올라 배를저어 배를댈제
배텃마을 배익으니 배풍년에 배부른걸

출산율과 행복

출산욕구 인간생물 종족보존 동일본능
아이낳아 기르고픈 의욕이야 없으랴만
피폐해진 서민대중 입에풀칠 어려우니
아이낳아 기르기가 만만찮은 험난지경

상류이하 대중서민 모진고난 발등의불
보릿고개 넘던시절 옛날자랑 사치시국
무지무식 안일함에 에누리가 없는진리
자작자수 자업자득 누가누굴 원망하랴

산들바다 동물식물 생태환경 열악하면
생식기능 축소억제 당연지사 여기는데
평생동안 허둥지둥 비정규직 십중팔구
밥통줄에 매인신세 고통신음 깡통시국

죽자사자 인내하며 공을들여 키워봤자
희망없는 뻔한삶에 뭬좋다고 아길낳나
여지없는 적자생존 약육강식 경제정글
힘도없고 빽도없는 대중서민 망연자실

율법무시 학대하고 유기하고 혹사하고
방기방치 잔혹사에 생명경시 인면수심
제멋대로 낳아놓고 기를능력 없는부모
책임감이 없거들랑 애저녁에 낳질말지

한치앞도 안보이는 어둔면을 덮어두고
애낳는게 충효인양 애낳으라 강권하니
물질만능 지상주의 노동생산 기계인간
산술용량 물질계산 수심인성 탐욕소산

과거시절 흔히쓰던 개천에서 용났단말
한순간에 바뀐시국 용꿈일랑 사치환경
이지경에 애낳는이 재벌말곤 엮인관습
서민대중 부모자식 가시밭길 벅찬혼사

자기자식 귀한줄은 누구나가 아는사실
금지옥엽 키운자식 누굴위해 희생시켜
패덕부모 아닐진대 억하심정 티낸다고
삼디업종 비정규직 독신자식 만들건가

행복추구 당연지사 정상인간 기본권한
종족보존 자손번성 결혼출산 자연현상
가계생계 해결압박 고통받는 대중서민
여유없는 현실의벽 자신없는 미래상에

혼인독려 임신유도 출산장려 온갖혜택
천만가지 정책에도 불가능한 출산증가
생계유지 걱정없는 희망의빛 밝은사회
산아제한 강권해도 출산율은 자연증가

복지분배 없는민주 약육강식 정글민주
약점보완 복지분배 민주주의 양심안배
분수넘친 과소비에 무절제한 사치향락
대책없는 낭비벽에 서리맞은 서구유럽

생계유지 걱정않는 복지체계 正立될때
밝은미래 약속의땅 꿈에부푼 희망출산
낳지말라 애원해도 기를쓰고 낳을아기
출산율이 말해주는 대중서민 행복지수

가는 세월에

가슴깊이 새긴사랑 가슴속을 메운사랑
마음속에 묻은사랑 마음불꽃 피운사랑
는적는적 따라가며 끈질기게 달라붙어
털어낸다 털어지나 비벼댄다 닳아지나

세월따라 오고가며 흐르는듯 쌓이는정
인정머리 하나없는 세월보다 무서운정
월색고운 하늘아래 강강술래 돌던날들
까마득히 멀어져간 기억저편 일막일장
에둘러서 피하는눈 그렁그렁 맺힌눈물
공수거길 아린마음 뿌연안개 향수그린

가고오고 머무름에 나도몰래 정든세월
설운눈물 바다이뤄 내쉰한숨 우주가득
는개비로 엮은시름 산허리를 둘렀더니
옥빛거둔 종종걸음 불콰하니 물든노을

세모원단 색동옷에 복주머니 제기차기
널뛰기에 연날리기 쥐불놀이 단골풍속
월색밟아 우루루루 왼동네를 휘저으며
세기말의 다사다난 한시절을 풍미할제
에고이즘 사디스트 호불호를 가리잖아
온우주를 품에담고 매정하게 가는세월

봄비가 내리면

봄봄봄봄 천지사방 사랑타령 아우성에
봄말고는 두자이고 유독봄만 외자인데
비스무리 부부행세 요상시런 거동속에
비스켓또 나눔핑계 얼렁뚱땅 유혹희롱

가심속에 숨겼다가 두눈속에 담았다가
가이없는 물욕애욕 닭살돋는 사랑범벅
내캉니캉 울고웃다 티격태격 다투다가
내탓네탓 울근불근 우여곡절 만남이별

리조또의 대중화에 부작용이 만만찮고
리찌코스 산행길의 짜릿짜릿 스킨십에
면목동의 아줌씨와 우이동의 아자씨들
면도치장 일탈행각 도드라진 봄봄봄봄

봄햇살의 아우성에 입춘대길 건양다경
봄아닌듯 협박하다 우수맞은 동장군씨
비를맞고 툭터진입 경칩물고 개굴개굴
비실비실 아지랑이 춘분맞은 꽃샘추위

가가호호 부모형제 청명하늘 나들이에
가룽빈가 묘음속에 곡우맞이 못자리에
내고향집 나물지천 입하맞는 이팝물결
내핍시절 보릿고개 소만이라 부엉부엉

리치푸어 좌우하던 망종맞춤 보리수확
리필불가 전삼후삼 하지맞춤 모내기철
면책불가 홍수갈수 소서맞아 애끓이고
면허없는 삼복더위 대서전후 불볕찜통

그중에 그대를 만나

그때그곳 그자리에 청초하던 임의모습
수십년이 흘렀건만 아직까지 눈에선해
중언부언 횡설수설 갈팡질팡 떠듬떠듬
잘하려고 하는말이 왜그리도 꼬이던지
에이는듯 목마른듯 타들어간 속내음에
천둥벼락 그보다큰 울림으로 다가온말

그대만을 의지하고 사랑한단 속삭임은
영원토록 잊지못할 순수함의 진동임에
대단원의 막내린듯 온세상을 다얻은듯
두근세근 달뜬마음 진정하기 어려울새
를그리움 남긴채로 국가부름 응하던날
시시때때 솟구치는 애틋함이 오죽할까

만남이별 거듭거듭 오간길에 묻은세월
풋내음이 싱그럽던 그때그꿈 아른아른
나와그대 두몸한맘 반백년을 돌아돌아
원도한도 없는생애 그냥그냥 절로절로

그리움을 피워물고 달려가는 추억향수
황혼녘의 아름다움 노을위에 펼쳐놓아
중장년의 짙은유혹 가을단풍 물든잎새
떼구르르 굴러가며 시간엮은 파노라마
에필로그 적어볼까 초상화를 그려볼까
온몸으로 이뤄가는 현재모습 그대론데

그날그때 그시간에 빠르지도 느리지도
육안으로 보이잖는 세월따라 흐름따라
대범비범 소심평범 가릴것이 뭬있던가
제분수를 지키는게 적당이요 최선인걸
를상보는 모습들이 늘상같아 보이지만
찰라간의 작용속에 같은모습 없음이라

만물만생 그대로가 찰라찰라 변모함에
한순간도 잡히잖는 새로움의 신세계니
나홀로가 온우주요 전세상이 홀로인삶
다가오면 오는대로 지나가면 가는대로

봄의 길목에서

봄의전령 납매옥매 다매수선 인고의꽃
온몸으로 저항하며 추위이긴 설중사우
의기소침 돌돌말아 실개천에 비벼널고
달래냉이 초무침에 새콤매콤 입맛돋워

길고긴밤 동짓날밤 고구마를 굽던사연
애절하게 봄을찾아 밤새우며 도란도란
목을늘인 아지랑이 봄을향해 손짓할제
간절한꿈 품어담은 버들가지 한들한들

에메랄드 푸르른빛 싹틔우는 생동감에
태동하는 신비로움 떨림설렘 봄빛향기
서리서리 얽힌사연 낙숫물에 녹아들어
이골저골 재잘재잘 물오름의 화려강산

봄깨우는 풍년화가 꽃망울을 터뜨리니
시샘품은 동장군이 설풍몰고 휘휘돌아
의발전인 육대조사 만천하에 전하는법
서리품어 서늘한달 추녀끝에 자리한법

길을묻는 중생들의 길잡이를 자청하고
천리길을 마다않는 선지식의 제자사랑
목줄매여 끌려가는 당달봉사 낙엽신세
화탕지옥 건너지나 시름더는 숭고한뜻

에둘러서 지나친다 모를리가 있다던가
세월속에 담겨있는 무상진리 변찮음에
서방정토 극락세계 있는곳이 따로없어
매화나무 가지위에 맑은이슬 청향삼매

삼년불비 우불명

삼고초려 유비공명 심심찮은 정가풍경
유능인재 영입위해 참을인자 새긴내력
년년세세 이어지는 선인들의 에피소드
신출귀몰 제갈량작 동남풍의 화공작전

불가분의 역학관계 동서고금 가교역활
읽고들은 상상나래 적벽대전 압권이라
비유은유 깊은맛에 즐겨쓰는 언어기교
삼국지편 정가본색 적나라한 권모술수

삼년불비 우불명은 춘추시대 장왕고사
충직하고 곧은신하 찾으려는 고육지책
년식불문 지위불문 다자간에 회자되던
즉위삼년 도락으로 날고울지 않은내력

불평불만 자자해도 철석같이 곧은심기
일사천리 일거쇄신 최강반열 오르나니
비밀스레 감추어진 현자내심 멋진리더
대쪽같은 死諫충신 오거소종 발굴했지

우화설화 재치만담 내용불문 웃음자체
우스개에 불과해도 환영받는 해학유머
불꽃처럼 타오르던 원망분노 근심걱정
불가피한 웃음속에 슬그머니 사그라져
명불허전 一笑의힘 만병통치 명약임을
명명백백 증명하니 마음놓고 처방하소

과학한글 우수성에 흥 돋우는 사언율시

과학문명 통틀어서 비할것이 없는유산
세종대왕 한글창제 위대함의 거대업적
남녀노소 국적불문 무궁무진 자유자재
좌우종횡 제한없는 천하제일 으뜸문자

학이시습 전통윤리 거센도전 서양언어
흔들리는 정체성에 중심기반 한글문화
제자원리 과학성에 풍성풍성 표현력에
배워쓰기 쉬운원리 독창적인 소리문자

한글자모 현묘함은 불편백성 염념불망
부자유한 언어문자 현제성군 구휼의지
열린마음 열린자세 열린생각 열린지혜
언어표현 만드는일 누가감히 엄두낼까

글의자모 스물넉자 오밀조밀 오묘함에
천지간의 음양조화 자연진리 자체인데
보고듣고 말하는이 가이없는 극찬속에
절로나는 경외심을 어찌말로 다할건가

우주만물 생성소멸 자연조화 신비속에
한민족의 언어문명 천지개벽 한글창제
수수방관 고립무원 말문틔운 조상의얼
소통문화 일구어낸 한민족의 장한역사

성군덕에 누리는복 갈고닦아 빛내는길
혼을파는 어리석음 훼손망실 경계함에
에이는듯 숙연함은 조상님의 높은은덕
우리언어 자긍심에 만고불변 민족정기

흥겨움에 들썩들썩 율시속에 빠져보니
컴퓨터가 입증하는 최첨단의 우수한글
돋보이는 한글매력 소통제일 평등문자
읽고쓰기 쉬운덕에 문맹율이 최하위국

우후죽순 쏟아내는 외래어를 순화하며
끈질기게 적응하는 한겨레의 저력상징
는적대는 향토색에 사투리가 구수한글
재치익살 해학만담 감칠맛의 운율향기

사언절구 사자성어 제한틀은 빠듯해도
각양각색 한글표현 무리없는 조화실현
오밀조밀 천자문에 이백오십 대서사시
단순나열 천개아닌 무한량의 넉자지혜

언어표현 자재구사 소통능력 향상일로
효용가치 점입가경 활용능력 일취월장
흙속진주 발굴창작 살펴빚은 언어구슬
한올한땀 엮어놓아 골격갖춘 사언율시

율동적인 고저장단 규칙적인 흐름속에
자연스레 우러나와 흥돋우는 넉자특성
희로애락 우비고뇌 웅장화려 담아내니
십방왕래 무제한에 변화무쌍 천변만화

시시각각 굳는두뇌 활성화에 일조하고
부담없는 다기능에 자유자재 응용활용
운율속에 흥취더한 넉자한귀 맞춤성어
끊임없는 율시사랑 우수한글 화려장엄

커플링

커다란눈 놀란모습 깜빡깜빡 순진무구
누구라도 반해버릴 예쁘장한 그모습에
넋을놓고 바라보는 손주녀석 풍신보니
비몽사몽 홀린신색 간쓸개를 빼줄기세

쑥스런듯 감싸안은 앙증맞은 손가락에
반짝반짝 빛발하며 언뜻비친 예쁜반지
어수선에 시끌벅적 놀랄만도 하건마는
터줏대감 되는듯이 눈도꿈쩍 않는녀석

플래시가 번쩍번쩍 박수소리 요란함에
제멋대로 신바람난 아이들의 재롱잔치
엎어지고 젖혀짐에 놀란가슴 두근두근
노심초사 타는가슴 애간장을 졸이는딸

부모품을 떠나살며 잔주름이 늘어가도
변치않는 혈연속성 내리사랑 안쓰러움
산들바다 비좁은듯 흙밟으며 자란세대
격변하는 대세흐름 격세지감 절감할제

링고의자 돌려가며 폴짝폴짝 뛰는모습
사고뭉치 미운나이 영락없는 개구쟁이
안고업고 어루면서 한시절을 보냈더니
그아들딸 부모되어 내흉내를 내는시절

일소일소 일노일노 어느누가 말했던고
그밀들어 굳게믿고 한숨시름 덮어둔새
성장하는 손자손녀 동화속의 별유천지
멈춘시간 잊은나이 시공떠난 또다른나

멋진 계절 시월

멋스럽게 물든단풍 산행반겨 흔드는손
꼬불꼬불 산등성에 고통시름 툭툭털고
솔가지를 꺾어가며 다람쥐를 희롱하며
계곡물에 바람소리 벗을삼아 오르는산

진풍경의 수채화에 감탄사가 절로나는
기기묘묘 바위수석 산속가득 청정공기
굽이굽이 쪽빛호수 오색찬란 단풍바다
팔도강산 관광명소 단풍터널 장관이고

계란부침 맛난김밥 각양각색 진수성찬
산행중의 이색묘미 설레임의 입맛기대
고수레로 어우러져 맞이하는 별미식사
단청불사 주선생이 빠질수는 읎닥카제

절후따라 오고가는 철새무리 분주함에
나루터를 오가는배 강변운치 더해주고
을씨년에 노랑물감 수북수북 가로숫길
아름드리 은행나무 잎쏟느라 우수수수

시시때때 휘이휘이 참새떼를 쫓는소리
따사로운 햇살아래 맴을도는 잠자리떼
봄볕에는 며느리를 가을볕엔 딸내보내
고부관계 풍속담에 풍자해학 머금은달

월색고와 교교한날 집뒷켠의 터줏대감
농사지은 햇곡식에 정화수를 떠다놓고
목욕재계 복을비는 치성풍속 터주고사
천지사방 울긋불긋 상념으로 물든상달

독도는 우리 땅(가사 韻子)

울분으로 잠설치는 일제치하 삼십육년
릉과총에 남아있는 역사기록 명명백백
도도한섬 울릉도와 독도영유 분명한국

동떨어진 왜곡논리 영유주장 도적심보
남사스런 식민주의 합리화에 눈먼왜구
쪽박민족 야만근성 동물적인 이기주의

뱃전에서 바라보는 아름답고 멋있는섬
길이보존 자손만대 역사적인 민족의섬
따귀맞는 아픔으로 식민사관 극복한섬
라임돋는 노래속에 무진보물 잠재의섬

이기주의 애국흉내 매국노를 가리는섬
백의민족 순수함에 민족정기 세우는섬
리본꽂듯 화려장엄 태극물결 뒤덮은섬

외로운섬 굳은의지 거센물결 이겨낸섬
로열제리 품어담은 보물독도 섬중의섬
운무따라 가고오는 절해고도 신비의섬

섬族근성 검은욕심 용납않는 지조의섬
하늘담아 우러르는 너른바다 안락의섬
나너없는 혼연일체 나라사랑 빛나는섬

새삼스레 돌아보며 새록새록 정이든섬
들러가는 철새들의 애환담긴 귀중한섬
의로움에 절규하며 굳게지켜 보존한섬
고통없는 행복없어 만고풍상 담아낸섬
향토방위 철두철미 빈틈없어 든든한섬

그물같은 철통경비 섬국왜족 겁내는섬
누적되는 영해침범 단호하게 격퇴한섬
가슴으로 온몸으로 영원토록 간직할섬

아스라히 먼훗날에 후손들의 귀감될섬
무궁무진 보물되어 선조노력 결실의섬
리치한국 대를잇는 선진조국 기반될섬

자화자찬 망발왜족 경제동물 망나니국
기분좋은 부국강병 외세야욕 봉쇄함에
네가내가 따로없는 한마음에 똘똘뭉쳐

땅덩어리 소중함을 깊이새긴 갈무리로
이해득실 따지잖고 서로돕는 민족의혼
라면으로 끼니잇던 애국애족 일념으로
고통나눔 헌신봉사 남북통일 임무완수

우수민족 뚝심으로 통일조국 건설함에
겨오르던 침략근성 멱살잡아 처박을제
도둑심보 뻔뻔함에 부끄러움 외면왜族

독선적인 주의주장 겨레품에 내려놓고
도덕규범 그속에서 일궈가는 알뜰살림
는개빗속 갈무리한 음모흉계 탈을벗겨

우국충정 한마음의 복지국가 꿈을이뤄
리라꽃의 향기속에 춤을추는 태평성국
땅을울려 환호하는 축제한국 건설할事

풍우강산

풍진세파 얼기설기 풍운무에 감겨돌아
청운의꿈 나래펴고 상아탑을 쌓아올려
젊은혈기 땀방울로 국방의무 임무완수
모락모락 연기인양 바람風에 흩날리고

우후죽순 싹을틔워 주렁주렁 걸린희망
아들딸의 재롱속에 멈추잖는 꿈결처럼
단이슬에 날밤새워 부푼꿈에 설레던맘
줄기차게 쏟아지는 비雨속에 씻어내고

강풍폭우 모진세상 돌아볼새 여백없어
태산준령 넘는바람 부귀영화 꿈속의꿈
용천설검 장부기개 백발속에 묻어가며
무심하게 흘러가는 큰내江의 일엽편주

산수화의 병풍속에 노를젓는 사공인양
뇌성벽력 광풍폭우 초연초탈 하얏더니
오리무중 혼돈속에 자손세상 걱정이라
바위절경 가린운무 뫼山품고 어루는맘

풍월속의 세상만사 한세상을 요리함에
풍진모아 이고진짐 툴툴털며 껄껄웃고
우비고뇌 둘둘말아 농담섞어 찰진반죽
우스개로 간을맞춘 거친세파 해학요리

강산바다 돌고돌아 고향찾는 나그네길
강물흐름 산세풍치 너울너울 거센파도
산수절경 뭉게구름 우거진숲 물소리에
산들바람 둥근달이 풍류객과 짝이루네

사랑과 그리움

사연담아 전해진글 공감하는 아픔고통
북받치는 시름없어 하늘향해 울부짖다
오밀조밀 잼난글에 재치유머 폭소만발
도망가는 배꼽잡고 데굴데굴 뒹굴던날

랑창낭창 여린님에 대쪽같이 올곧은님
담아놓은 내용이야 좋았거나 말았거나
벗님네들 스친정에 시시콜콜 횡설수설
댓글답글 섞어가며 머무른지 어언일년

과거현재 미래세에 스쳐지날 필연지기
깊은정을 경계하고 미련일랑 고이접어
자욱자욱 걷는길섶 추억으로 묻어가니
실체없는 꿈속꿈에 정들기전 떠나야지

그냥저냥 그럭저럭 순리따라 지내오다
아들딸들 장성하여 제짝찾아 혼인함에
손자손녀 재롱속에 철지난줄 몰랐더니
거울속의 저늙은이 뉘시던가 낯설음에

리폼되지 않는시간 무상진리 절감하며
못다넘은 고갯목에 쉬어가는 공수거길
칠흑속을 밝혀주고 쓰다듬는 달빛처럼
다정하고 해박한님 글벗도반 아련할제

움터오는 그리움속 눈길따라 창을여니
머문인연 아쉬움에 천근만근 더딘발길
갈길갈때 가더라도 마음문을 열어놓아
집착떨쳐 가는길손 옛정일랑 두고가네

애국가(가사 韻字)

동방현자 칭송받던 자랑스런 예의지국
해동성국 만주벌판 말달리던 웅혼氣像
물과바람 산세풍치 조화로운 안식의땅
과거발해 역사왜곡 중화야욕 패권주의

백의민족 혼이서린 독보적인 문화유산
두고두고 길이빛낼 조상님들 지혜정화
산들바다 어느곳도 소홀할수 없는강토
이몸저맘 한결같은 일심동체 배달겨레

마음으로 밀어주고 의지모아 끌어주고
르네상스 휴머니즘 공존공생 복지증진
고진감래 홍진비래 교차되는 희로애락
닳고쇠한 약자배려 효사상에 노인공경
도움주고 신뢰받는 품앗이에 상부상조
록키산맥 大洋보다 높고깊은 민족의혼

하고많은 세월속에 길들여진 우리네삶
느티나무 그늘아래 수놓아진 이야기꽃
님만남의 황홀한꿈 깨고보니 허망하고
이고득락 바라는삶 꿈의무게 천근만근
보릿고개 넘던시절 근면성실 극복하고
우매하단 편잔속에 허리띠를 졸라매고
하세월을 뜬눈으로 주린배를 참아가며
사고무친 이역만리 희생으로 일군역사

우수한뇌 지혜로움 피땀으로 얻은결실
리스만능 삽질강토 분식회계 멍든경제
나라살림 한순간에 나락으로 곤두박질
라면먹고 공들인탑 한순간에 와그르르

만시지탄 무뇌영감 開門納賊 치매망령
세상순리 과유불급 역행만행 과보로세

무정유정 흐르던강 막힌댐물 녹조라떼
궁색변명 관권남용 파괴환경 회복요원
화색돌던 수출왕국 쇠락일로 복지의꿈
삼간초가 성에안차 줄을잇는 무한욕심
천지만물 잠시잠깐 빌려쓰다 가는인생
리듬파괴 과욕접어 적당하게 쓰다가지

화려하게 빛잔치한 부패관료 악덕재벌
려말혼돈 수탈경제 세금폭탄 국민파탄
강산문화 전통파괴 부익부에 빈익빈국
산하대지 멍든모습 아비규환 지옥참상

대의명분 민심왜곡 이기주의 과한욕심
한심하게 방치말고 중벌조치 일벌백계
사리사욕 꿈못꾸는 공정관료 중용할때
람보의힘 능가하는 공권력이 환영받지
대대손손 찬란하던 문화유산 보존하고
한마음의 민족염원 남북통일 임무완수
으뜸조국 이룩함에 뜻을모아 합심단결
로또복권 부럽잖은 복지국가 완성할때

길고짧음 알수없는 오리무중 인생길에
이해득실 집착하면 삼독심이 눈을가려
보면서도 안보이는 눈뜬장님 못면하고
전부놓아 비운자리 채워지는 밝은지혜
하세월을 써도써도 줄지않는 값진보물
세세생생 넘치는복 자자손손 누리리라

2장 카페의 향기 109

설날 추억

설을일러 원단세수 연수신일 명명함에
묵은일년 지나가고 새일년이 시작된날
날밤새워 설빔짓고 차례지낼 음식장만
조신하게 근신하며 경거망동 삼가는날

추억속의 복조리를 팔고사고 차례지내
이웃친척 찾아가며 신년덕담 세배한날
억강부약 선비정신 세시민속 널을뛰며
연날리기 윷놀이에 주머니가 두둑한날

설레임에 두근두근 손을꼽아 기다리며
과일떡에 차례음식 먹거리가 풍성한날
날아갈듯 받아챙긴 세뱃돈에 뿌듯하고
옹기종기 도란도란 분위기에 달뜨는날

추억한줌 베어물고 손자손녀 재롱보며
새삼스레 밀려드는 핏줄의정 앞서는날
억겁인연 일가친척 도닥도닥 정을돋워
당년설계 다짐속에 덕담나눔 훈훈한날

고운 인연

고통공포 입덧극복 지극정성 태교모성
고고성에 담겨있는 경이로운 출생의변
운명숙명 무색게한 혈기왕성 파워청춘
운우의정 나눔속에 오순도순 부부지정

인정받아 출세하고 모진삶에 낙심하고
인심좋아 누린평온 진흙탕을 굴러가며
연기처럼 종적없이 사라지는 무상의길
연속되는 희로애락 감고돌아 흘러온삶

고향뜨락 들어서니 솜털같이 포근한맘
고즈녁한 어스름의 저녁노을 황혼들녘
운해두른 산등성이 제집찾는 산비둘기
운치있는 풍경속에 세월풍진 녹아들어

인연줄에 묶이운채 굴러가는 낙엽처럼
인생행로 우여곡절 공수래에 공수거라
연분홍색 장밋빛꿈 추녀끝에 걸어둔채
연민의정 아롱아롱 추억속을 더듬더듬

약수터의 인연사

약수터에 이르는길 꾸불꾸불 울퉁불퉁
약수물만 먹으려고 찾아간것 아니었네
수풀헤쳐 오르던길 더듬더듬 올라보니
수십년의 세월속에 옛모습은 간곳없어
터를잡고 앉았던곳 추억향수 담긴자리
터줏대감 심술인양 미끄럽고 가파른길

의지하기 어려움에 생명에는 지장없나
의뭉스레 말붙이던 첫대면의 상봉인연

인과속에 맺어짐을 짐작조차 못한채로
인연따라 오고감에 백년가약 정한수순
연꽃같은 아름다움 맑고고와 밝은웃음
연분홍빛 예쁜한복 천상선녀 하강한듯
사랑노래 부르는새 날이가고 달이가고
사연사연 엮어가는 한가정의 삶의흔적

약속언약 신뢰속에 아들낳고 딸을낳아
약지걸고 맹세한듯 무탈하게 성장하니
수고스런 시름고통 재롱으로 이겨내고
수심한숨 근심걱정 화목으로 잊은세월
터널같은 어둠속에 내마음의 등불켜고
터진고난 위기극복 주인공에 맡겨놓고

의로움을 찬양하고 불의에는 항거하며
의사소통 원활함에 오순도순 평온가정

인의예지 존중하고 시기다툼 멀리함에
인과응보 순응하는 자연스런 살림살이
연모의정 나도몰래 무상함을 자각하니
연연하던 집착벗어 해탈지견 꼬리물고
사방팔방 둘러보니 오리무중 나그네길
사필귀정 진리속에 도반향기 모락모락

약아빠져 거친세파 진실속에 녹아나고
약손으로 만든복록 자비지혜 봇물되어
수초사이 오고가는 원앙가족 평화로움
수풀헤쳐 약초캐며 콧노래를 부르는삶
터닦기에 골몰하는 아들딸의 알찬미래
터미널의 이합집산 대소사의 풍경인데

의젓하게 자란손자 앙증맞은 재롱속에
의기소침 떨쳐내어 정신없이 바쁜나날

인친위보 딸의효심 일구월심 가이없고
인자요산 그너머엔 이상향의 구도일념
연인인가 아내인가 누이인가 어미던가
연민의정 쌓은내력 동체지심 부부지애
사치스런 치장접어 소탈하게 꾸민모습
사라져간 풋풋함을 고아함이 대신하네

가화만사성

가는세월 부여잡고 쉬어가라 달래는맘
가슴깊이 스며드는 포근함의 가족숨결
화기애애 밝은가정 부비부비 동고동락
화목속에 다져지는 건강사회 나라사랑

만시지탄 후회없이 알콩달콩 오순도순
만복도래 후한인심 통상배려 나눔양보
사통오달 트인마음 넉넉하고 후한인심
사람답게 살아가는 이상향의 무릉도원
성패결과 집착않는 긍정적인 마인드에
성실한삶 안심입명 지상천국 제일家네

가던발길 되돌리고 왔거들랑 가지마라
가려할때 잡지마는 오는것은 환영일세
화수분을 갈구하나 뜻대로만 아니되니
화사하게 웃는낯에 복은절로 굴러든다

만사형통 바라거든 모진마음 다듬거라
만고불변 바른진리 둥근맘에 깃드는법
사려분별 신중하게 가려가며 도모할제
사면춘풍 술술불어 순리대로 돌아가니
성급하게 굴지않는 여유로운 마음가짐
성공문을 열수있는 만능열쇠 핵심이네

피란수도 부산야행 1023

피치못한 동족상잔 육이오의 쓰린상처
아비규환 혼란속에 기약없는 일시대피
란파당한 민족혼에 찢기워진 산하대지
남과북의 이념갈등 한민족의 자중지란

수도내준 시름속에 고뇌담은 임시수도
절치부심 호구지책 전전긍긍 구복원수
도탄지경 탈피역사 피땀으로 일군한국
거듭도약 경제성장 여유만만 관인대도

부부동반 관광코스 하나되는 야행묘미
심신힐링 부부화합 가정화목 지족지부
산들바람 스쳐가는 부산해변 멋진야경
삼삼오오 축하행렬 모여모여 적토성산

야단법석 알찬기획 세계유산 포럼열려
견문축적 품격상승 안분지족 명야복야
행운물고 찾아가는 피란수도 역사현장
교육관광 일거양득 일파만파 점입가경

일구월심 찾던기회 둘도없는 역사기행
참된진리 현실교훈 차세대의 밝은내일
공사다망 속전속결 귀한시간 나눠쓸제
바쁜듯이 여유로워 희망으로 메운창공

이해득실 접어두니 이심전심 소통원만
몸과땅이 둘아님에 백의민족 신토불이
삼위일체 한마음의 피란수도 부산야행
평화로운 화목가정 웃음꽃이 눈에삼삼

자본시장 개미

자본주의 꽃이라는 번지르한 포장궤변
표리부동 양두구육 합리화의 명분일뿐
얻는자와 잃는자가 필연으로 존재함에
어느누가 뭐라해도 투기임이 자명헌디

명분굴레 투자假面 재산증식 천금유혹
공인허가 투기장인 개미지옥 주식시장
소액투자 개미에겐 수수료有 공매不可
막강자금 기관들은 수수료無 공매도可

본인예측 못하면서 대응강변 궤변말고
주식시장 떠나도록 유도함이 옳은것을
장세예측 틀린다고 예측말고 대응하란
해괴논리 펼치는건 별세계의 주문인가

예측대응 찰라지간 주식투자 기본인데
예측말고 대응云云 억지춘양 궤변이고
이백미터 달리기에 백미터앞 출발하는
막강정보 기관의힘 불공정의 표본이네

시장논리 그럴듯해 허울좋은 투자假面
따고잃음 명확함에 허가받은 도박인것
쫓기는자 경제학자 실패확률 극히높고
여유만만 심리학자 성공확률 높닥카제

사방천지 둘러봐도 바른정보 드물어서
일순방심 구렁텅이 빠져들기 십중팔구
잘아는척 만능인척 달인인척 株神인척
뛴다난다 하는자도 한순간에 골로가네

장엄하게 흐르는물 노릇노릇 새싹돋고
종달새가 지저귐에 봄기운이 완연할제
시설투자 운영자금 조달창구 주식시장
주가상승 유일명분 증자환경 만들기라

욕심많은 개미들을 일확천금 유혹하고
투기열풍 조장하는 개미핥기 주식시장
자고나면 상승세에 절대호기 조성될제
우후죽순 증자러쉬 광풍속에 상투라네

개인투자 재산증식 일확천금 눈먼개미
눈물먹고 크는기업 자본주의 아이러니
신문방송 외인기관 악어새와 악어관계
초록동색 공생관계 개미편은 절대없고

바람소리 물소리에 새소리의 眞僞판별
개미에게 유일무이 진실정보 오직챠트
흥망기업 성쇠시황 개미들의 희로애락
상승하락 사기진실 차트속에 녹아있네

미리앞선 주포읽기 정확해야 수익가능
제주장을 내려놔야 바른흐름 보이나니
과거이미 지나갔고 미래아직 오지않아
지금현재 이시간의 현재價가 眞價인데

매입價에 집착함은 죽은자식 불알잡고
통곡함과 다름없는 개미실패 第一원인
한철살다 가는삶에 인과응보 뚜렷하야
권불십년 재불삼대 천지조화 이치라네

가을장마

가녀린목 흔들흔들 도로변의 코스모스
가는여름 아쉬운듯 주룩주룩 흘린눈물
을씨년에 움츠린목 다된곡식 훑어내려
수확기의 훼방놀음 백해무익 놀부장마

장금이의 간절염원 피해없길 바라는맘
농부들의 구슬땀에 화답하며 익는곡식
마을어귀 누런들판 이랑마다 주렁주렁
흥겨움의 알찬수확 풍년가에 달뜬가을

가물가물 아린추억 하늘가에 머문시선
여름물고 낮게나는 가을전령 잠자리떼
을숙도의 생태공원 인공적인 관광명소
철새도래 동양최대 옛날영광 거둔역사

장관이룬 철새떼들 자취감춰 드문지경
인간들의 탐욕이기 질타하는 자연생태
마주앉은 이웃사촌 모닥불을 피워놓고
알콩달콩 나눈정담 웃음꽃펴 영근가을

가슴으로 밀려드는 포만감의 황금들녘
뉘엿뉘엿 어스름에 고향찾는 나그네길
을축갑자 꼬인심사 너른들에 털어말려
무지몽매 불밝혀서 과한욕심 덜어내고

장단고저 고운음색 풀벌레의 노래향연
땀방울에 젖은농부 고달픔을 녹여내고
마음마음 내려놓아 할일마침 한가로워
텅빈마음 유유자적 충만감에 젖는계절

산이 주는 길

산수화에 빠져들어 산을찾는 매니아들
오르는길 내리는맘 각양각색 알록달록
이고지고 지친마음 계곡물에 내려놓고
근심걱정 우비고뇌 정상에다 털어놓고

주마가편 과한욕심 산바람에 흩날리고
뭉게뭉게 구름문양 한가로이 바라보며
는개비에 가리운채 오리무중 헤쳐온삶
자욱자욱 걸어온길 되살피는 여백의문
길모른채 세월잡고 씨름하던 나그네길
황혼녘의 어스름에 소꿉장난 거두는길

유종의 미

유리알의 빙판길에 행인들은 엉금엉금
종소리가 싱그러운 자선냄비 딸랑딸랑
의견수렴 소통만족 흐뭇한눈 초롱초롱
미움접어 고운마음 웃는얼굴 방글방글

유심무심 털어놓고 오순도순 반기는정
종일토록 웃음만발 재치만담 즐기는정
의기투합 봉사정신 후한인심 물드는정
미담정담 나눔배려 주고받고 베푸는정

유형무형 고심흔적 다사다난 공사다망
종횡무진 활약으로 빛난업적 이룬공과
의뢰하고 계획한일 차질없는 마무리에
미풍양속 조상의얼 길이보존 다짐의해

중장년의 가을

중천에서 멀어지며 황혼빛이 역연한해
너른들녘 누릇누릇 단청불사 서두는산
구름안개 자욱함에 무리지어 모인철새
한알한올 여물어져 오동통한 오곡백과

잠자리떼 낮게날아 허수아비 훠이훠이
살랑살랑 부는바람 추색기운 더해감에
신비하고 경이로운 원융무애 무상자연
비뿌리고 잎새울어 풍설한파 동면준비

장단고저 목청돋운 草蟲戀歌 열띤경연
앞들뒷산 짝짓기에 여념없는 秋夜파티
태양빛에 삶아낸빛 취기올라 불콰한산
수확하는 기쁨뒤에 우수내린 황혼빛깔

내린밤비 우수수수 집착떨군 추풍낙엽
낙화유수 휘몰아간 꿈속의꿈 부귀공명
모진세파 거친풍우 품어담고 흐른세월
중중무진 얽힌고목 생애기복 파란만장

년상년하 나이불문 오순도순 원근불문
하하호호 노소불문 티격태격 남녀불문
동네방네 저지레에 천방지축 혼나가며
논밭헤친 말썽장이 함께놀던 고향친구

둥둥걷은 발담그고 고기몰던 추억의강
달빛담아 흐르던물 선연하게 떠오르니
햇살접고 내린달빛 달을물고 솟는태양
멈추잖는 천지조화 꿈속의꿈 몽환공화

의기양양 젊은혈기 청운의꿈 나래펴고
당연지사 병역의무 당당하게 임무완수
산업전선 달려들어 보릿고개 극복하고
유통시장 뛰어들어 십수년을 헤매던삶

며느리와 사위맞이 아들딸의 혼례행사
품에안긴 손자손녀 재롱속에 저무는해
석양노을 바라보는 귀밑머리 희끗희끗
눈발위에 서리내려 엎고덮은 설상가상

가타부타 세속상념 오욕칠정 집착속에
없는나의 보신욕구 끝모르는 貪심이요
잡히잖는 일체물에 좌절하고 슬퍼하며
없는나를 두호함에 솟구치는 嗔심이고

잡을수도 버릴수도 보이지도 않는물건
없는나를 있음으로 착각하는 癡心이라
나라믿던 이육신도 찰라찰라 바뀌는법
본공임을 깨달으면 삼독심은 무너질것

을씨년에 마주하는 무상함의 인생살이
서방정토 물어물어 찾아가는 나그네길
오늘지금 이자리서 나죽으면 어이할꼬
깊이깊이 명상하면 의구심을 갖게되고

생각생각 꼬릴물고 끊임없이 생겨남에
살펴찾은 올바른길 헛된삶을 면하리니
과거현재 미래세가 환과같고 꿈과같아
구름모여 흩어짐과 다를바가 없는생애

음악의 향기~행복한 동행

음률음색 리듬조화 장단맞춰 흔들흔들
고저장단 음정박자 틀렸거나 말았거나
악보속에 담아내는 작사작곡 연주의혼
대자연의 합창인양 묘한조화 환상세계
의식세계 아우르며 빠져드는 절묘한음
흥얼흥얼 콧노래에 어깨춤은 덩실덩실

향수짙은 추억따라 머무르는 장소따라
주변여건 환경따라 희로애락 감정따라
기분따라 마음따라 일기불문 장소불문
되는대로 추썩추썩 흥도절로 춤도절로

행과불행 함께하는 동반동행 숙업인연
격변세파 거친파도 만만찮은 인고의삶
복중의복 부부화목 만만찮은 백년해로
부모자녀 소통화합 보기드문 만복가정
한통속에 부비부비 거리간격 없는식구
사회환경 국가명운 결정짓는 기본단위

동고동락 부부마음 자나깨나 일심동체
사랑받을 욕심보다 부부지정 서로사랑
행복으로 가는열쇠 순리따른 자비지혜
오순도순 한마음에 찾아드는 이고득락

소소한 일상

소리소문 입방정은 우주간을 돌고돌아
은하계가 들썩임에 입소문을 조심하소
소를타고 소를찾는 어리석음 툴툴털어
발붙일곳 없는시름 한숨고통 벗겨내소
한올한땀 엮어지는 찰라찰라 귀한시간
허송세월 하지않고 정성으로 가꾸는한

일월성신 함께하는 멋진삶의 순행이라
미리걱정 할것없이 오는대로 수용할일
상통하는 동반자와 동행하는 인생길은
천만다행 금상첨화 만반진수 놓인밥상

소금없이 살수없는 필부범부 갑남을녀
맛난음식 으뜸비결 소금양에 입맞추소
소슬바람 마중하는 행시주제 걸렸으니
次韻댓귀 양념넣은 일상활력 담아가소
한발두발 걷다보면 천리길도 코앞이니
한달음에 천리가는 과욕집착 비우는한

일생지계 재우근에 다가서는 모습이라
오지않은 미래사에 근심걱정 접어둘일
상을보는 거울속에 표현되는 그모습은
이세상에 나타난듯 사라지는 찰라현상

詩句 한줌 남겨 둠세

이골저산 비오더니 송림낙엽 우수수수
비온다고 어찌해서 괴로워만 할것인가
날맑아도 또혼자서 탄식하기 십상이라
紅塵風味 삭혀가며 눈꽃송이 설법보시

번을서는 달빛속에 松林언덕 밤은깊어
아름다운 눈꽃송이 슬그머니 즈려밟고
뜨락위를 쓸며가는 숲그림자 고적감에
초중종장 긴편지로 가슴치는 독백일구

생글생글 蓮塘구름 물에잠긴 風流정자
새털구름 희롱하고 바람소리 싱그러워
물안개에 새겨둔情 별빛달빛 수군수군
인정사정 없는세월 나그네가 품던정한

엔돌핀이 돌고돌아 바쁜걸음 재촉할새
못다넘은 고갯길에 지쳐우는 나그네에
쓰다듬는 손길처럼 칠흑속을 밝힌달빛
얼핏설핏 내민얼굴 어색함의 민낯뺄줌

뭘하자고 되왔는고 產苦痛의 꽃샘추위
한파경제 떨쳐버릴 김치보쌈 먹방만남
늦발하는 꽃샘바람 늦은한파 매서운봄
봄의요정 창백하고 아지랑이 雪에쫓겨

길일러준 실개천에 석양물고 인사하며
고향소식 전해주던 기러기가 밀쳐어둠
까마득히 열린창공 천리만리 떠나는길
즐겨찾던 넘넘골에 詩句한줌 남겨둠세

이리저리 얽어놓은 이정표에 머문눈길
松林속의 나뭇가지 그리움이 걸려있어
설한풍에 허둥지둥 길헤매던 나그네가
고향소식 반가움에 달빛불러 지은행시

번민설움 오가는새 쏜살같이 흐른세월
立冬후에 설친긴밤 그리운님 기다릴제
처마끝의 풍경소리 문풍지를 떨며울어
나그네의 낯설음을 경계하며 짖는백구

생트집에 티격태격 알밤굽던 향수젖어
흐드러진 밤꽃무리 벌나비가 춤추는새
장맛비에 쫓겨가던 열대폭염 생생한데
어리숙한 참외서리 동네방네 떠들썩한

엔트리에 없는인사 무색무취 그속에서
희색만면 俗塵녹여 진실허구 따지잖고
시시때때 닿는대로 제맛따라 꽃피우는
紅塵속의 감로경전 귀한설법 감동한줌

뭘보려고 松林속에 여린菊香 피웠는가
깊은속정 잉꼬부부 등돌리면 바로남남
남북하늘 눈꽃송이 밤향기에 취해가니
깜짝쇼한 개그맨의 엉성한춤 진짜웃겨

길떠나는 나그네의 꿈길따라 열린창문
한숨시름 긁어모은 신작소설 대박거둠
까투리와 놀던송림 여전할까 그리던날
추억서린 들창가에 詩句한줌 남겨둠세

달아 달아 밝은 달아

달을품은 술잔속에 이태백의 향수녹아
삿갓선생 풍월담고 살랑살랑 부는바람
아슴아슴 떠다니며 소곤소곤 이르는말
숨결인양 꿈결인양 시공간을 오고갈제

달을향한 인간집념 화면속의 암스트롱
자취감춘 옥토끼에 뽑혀버린 계수나무
아린가슴 슬픈눈길 애증서린 조각달에
추억향수 모아모아 서정속에 둥그런달

밝은달빛 쏟는밤에 주안상을 마주하니
떡갈나무 백양숲에 소쩍새가 소쩍소쩍
은은하게 취기올라 반짝이는 별을헤며
공산명월 이불삼아 평상위에 누웠더니

달빛아래 사뿐사뿐 다가서는 정인꿈에
온갖시름 사르르르 녹아드는 살가운밤
아미고와 정다운님 품에안긴 고운모습
천둥소리 놀라깨니 몽중맹세 말짱꽝여

단풍잎 동심원

단순한듯 복잡하고 복잡한듯 단순한삶
쾌락으로 찌든사랑 패가망신 초래하고
재물욕에 구한사랑 과욕으로 허물어져
진심으로 쌓은사랑 믿음으로 굳은사랑

풍설한파 모진고난 어이견뎌 넘었던고
악몽속의 구제금융 역사적인 금모으기
먹장구름 대한조국 악순환의 시발원점
국가부도 일구구칠 국치일을 어찌잊나

잎푸르러 강한뿌리 실한열매 약속의땅
한마음과 한뜻으로 허리띠를 졸라맨힘
자고나면 부도사태 촌음아껴 동분서주
무너진탑 복구열풍 눈코뜰새 없던시절

동동주에 파전안주 단청불사 서두를제
외환위기 가시기전 당혹속의 탄핵광풍
하늘땅의 거친울음 눈뒤집힌 민심앞에
만신창이 겨레민족 꺼져버린 민주혼불

심심산천 둘러봐도 더덕향기 흔적없고
산삼약초 씨앗말라 독초들만 무성하니
산속가득 메운가스 숨쉬기도 힘든지경
오탁세상 적막강산 갈곳몰라 병든민초

원성실성 원융무애 불변진리 화려장엄
무릉도원 극락정토 뜬구름속 물새울음
반상노예 녹조라떼 찬바닷속 지옥참상
십오세기 장님민국 연민의정 시린날에

달콩 부부

달빛받아 피고지는 첩첩산중 돌연변이
날씨환경 변화에도 끄떡없는 야생화요
흔히보는 꽃들이야 지천으루 널렸지만
앙증맞고 귀여움에 럭셔리한 청노루귀

영준하고 듬직함에 부족함이 없는아들
다리길쭉 팔도길쭉 모강지도 길쭉허니
어여쁘고 영리함에 막힌데가 없는여식
달콩부부 장점만을 골라끼운 알찬결실

콩튀기듯 달달볶아 피어난꽃 아닌할매
마이묵어 짜구난몸 덜자라서 짜리몽땅
손바닥의 침을튕겨 침점한번 보렸더니
손두까딱 않는남푠 밥내놔라 큰소리라

토끼탕에 꼴뚜기전 육상해상 공중전에
호박감자 부추김치 육박전에 부부대전
짜증사사 깜찍오오 통통육육 빵빵칠칠
몸무게로 뭉개뿔고 마빡으루 받는할매

부랑말코 메부리코 니코내코 살찐복코
울근불근 사는재미 덤으루다 쏠쏠헌디
능청할배 안하던짓 꼴불견에 밉상보태
걸핏하모 씹어대는 심심풀이 땅콩할배

어느누가 봐주잖는 제잘난멋 약올리다
다짜고짜 끌려가서 눈떠보니 정신병원
무수리삶 멍든할매 약발받고 이빨갈제
막무가내 할망구의 분풀이에 손든할배

부창부수 좌충우돌 쌈질혀는 그가운데
팔도강산 거침없이 현란허게 들쑥날쑥
이고진짐 나눠가며 호불호를 함께하니
원통섭섭 툴툴털어 집착할것 없는부부

톡톡튀는 해학만담 지글자글 부글보글
웃음뒤에 숨은배꼽 영구탈영 두렵지만
히쭉해쭉 웃다보면 웃을일이 자꾸생겨
칼루다가 물베기에 부부싸움 찰진사랑

단풍 연가

단체군락 억새풀꽃 곱게빗은 구름머리
소슬하니 맑은바람 높푸른빛 시린하늘
노란꽃술 해바라기 분홍꽃술 코스모스
가을물고 달아나는 철새떼의 울음소리

풍진세상 고통번뇌 시름담아 울긋불긋
오르내림 산행길에 반기는손 단풍잎새
쏟아지는 은행잎에 겨울채비 바쁜손길
트랙터의 굉음소리 황금들녘 누비는데

연못가의 물고기떼 수풀사이 숨바꼭질
청둥오리 유영하며 짝짓기에 여념없고
길게늘인 산그림자 호수마저 채색단장
일렁이는 물결따라 출렁이는 추억향수

가을풍치 이만하면 무릉도원 진배없고
바람결이 코끝스쳐 국화향기 그윽하니
머언절의 종소리에 추녀풍경 딸랑딸랑
평상위에 누운길손 고향생각 우수수수

찹쌀떡 메밀묵

찹쌀가루 잔뜩묻혀 철벅대는 천진난만
눈에넣어 아프잖은 어화둥둥 이쁜손자
쌀쌀해진 날씨땀시 성냥갑에 갇혔으니
천방지축 어린것이 오죽이나 답답할까
떡맹근다 조물조물 앙증맞은 아가손길
사방천지 온통칠갑 귀여운걸 어찌말려

메웠다간 떼어내고 눌렀다가 헤집으며
말랑말랑 질감속에 흠뻑빠진 재롱둥이
밀고당겨 찡긋하며 애교스런 윙크공세
넋이나간 에미애비 흐물흐물 자식사랑
묵은김치 집어설랑 할배한입 할미한입
황홀경에 도취하야 헤롱헤롱 손자사랑

찹쌀밥의 떡메질에 요령없이 힘을쏟고
철푸더기 주저앉아 헉헉대던 시절있어
쌀한줌이 귀하던때 인절미는 환상의떡
명절이나 잔칫날에 홍돋우던 전통풍습
떡메질의 정겨움에 아고고고 숨던추억
포장화된 인절미엔 그때그맛 간곳없네

메가톤급 소리소문 동네아낙 왁자지껄
총각츠녀 만남의장 쿵덕쿵덕 풍속의맛
밀주담아 나누던정 떠들썩한 동네잔치
예식장에 묻어버린 조상님네 잔치풍경
묵은정담 주고받고 훈훈하던 두레풍속
한철지나 빛을잃고 뒤안길로 사라졌네

코스모스 갈대 꽃길

코를꿰어 끌려가다 맑은정신 놓친여름
천둥번개 앞세우고 장대비를 쏟던심술
제멋대로 오락가락 앞못보고 헤매던길
헛발디뎌 기절했다 눈떠보니 가을인데

스친세월 생각하면 아깝고도 어굴혀고
황당혀고 허무혀고 분통터져 방방뛰니
뺑뺑이는 고사혀구 곁눈질도 몬해본채
항우급인 존심가꼬 버팅김서 살었구먼

모진맘에 천둥치고 화난김에 벼락치고
사사빤쭈 입던시절 그립다꼬 우는여인
물고뜯고 빨고핥다 패대기를 치는바람
을러대고 맞짱뜨며 회포풀던 여름할매

스친골에 야생화도 잘난멋에 피고지니
거드름이 가관이요 거시기가 머시기라
철딱서니 발딱서니 우뚝서니 꼬락서니
입발림에 뻥치렌거 엥간하모 다안당께

갈팡질팡 들쭉날쭉 요리깔짝 조리찝쩍
어귓짱에 도틘여름 간사하고 드런승질
못말리는 딴짓거리 울근불근 홍수갈수
찌는더위 으시대며 기세등등 설치더니

대찬비에 우수수수 속절없이 지는낙엽
지랄맞은 밴댕이속 못된심뽀 소갈딱지
눈치코치 염치없이 더위물고 괴기다가
서릿발에 깜짝놀라 혼비백산 줄행랑에

꽃잎할매 희롱하고 고목영감 꼬셔가며
배짱놀음 하던차에 바위산을 딜다박구
눈티밤티 멍든낯빛 찰라간에 불구행색
천야만야 세월물고 망명길에 오른여름

길떠난지 수십년에 삭은몸뚸 뭘재능겨
부속품이 다낡아서 알맞능기 윲다카이
이논저눔 니캉내캉 가려봤자 쌤쌤인걸
불지피고 육수내며 정담만담 깨나볶지

그리움의 뿌리

그리움을 담쑥안고 동서남북 구르는잎
손없는손 발없는발 형체없는 마음하나
리플달고 정성쏟아 돌고돌며 쌓은역사
머물곳이 있다더냐 걸어둘곳 있다더냐
움막집의 한켠에서 회자되는 그가운데
아스라이 떠오르다 희뿌옇게 사라짐에
의민따져 무얼하나 그러구러 살면되지
잡는다고 머물건가 뗴민다고 간다던가

뿌린씨앗 거둔열매 나고지고 반복할새
떠올랐다 스러지니 흔적마저 없는것을
리필되는 흐름속에 타는황혼 단풍가을
떨어지는 가랑잎은 세월품고 떼구르르

그쳤는가 이어가나 상념속에 펼친나래
끈질기게 식지않고 달라붙는 그리움은
리본꽂고 치장하면 지난세월 돌아올까
하얀머리 염색하면 늙은몸이 젊어질까
움터오는 귀소본능 미련남아 머문인연
공수래에 공수거라 집착한들 무엇하리
의도하지 않은방황 머뭇머뭇 기웃기웃
오고가는 그가운데 돌고도는 인생살이

뿌리깊은 염원업고 유유자적 노니는새
생시도꿈 꿈속도꿈 모든것이 일장춘몽
리얼하게 펼쳐지는 인생역정 파노라마
저녁노을 단풍가을 신비로운 천지조화

봄을 꿈꾸다

봄꽃소식 품어담은 아지랑이 아롱아롱
봄나물을 캐는아낙 나풀대는 치맛자락
을녀갑남 삼삼오오 산의정기 찾는발길
을박갑론 재잘대는 물소리의 감미로움

꿈결속의 봄향기에 소스라친 개구리들
꿈깨우는 물오름에 달아오른 나뭇가지
꾸역꾸역 흘러내린 고산백설 굵은눈물
꾸물꾸물 늦장부린 샛강얼음 깨는고함
다가서는 봄그림자 밀려나는 풍설한파
다급해진 동장군은 슬금슬금 자취감춰

봄의전령 개나리꽃 소곤소곤 꿈틀꿈틀
봄꽃잔치 준비마당 싱그러운 바람결에
을사형님 청마갑오 힘찬도약 기대하며
을왕리의 맛집찾아 회한점에 소주한잔

꿈에그린 멋진풍광 너른바다 바라보니
꿈속꿈에 서린추억 노을빛이 쓸어담아
꾸불꾸불 휘휘돌아 무심하게 흐르는강
꾸러기들 막무가내 우여곡절 담아낸벽
다정다감 이웃정에 공사다망 헤쳐온길
다사다난 거두는삶 황혼의꽃 여백의香

분홍 꽃비 사이로

분에넘친 복을받아 구순넘는 장수시대
분수알고 삼가하여 천지조화 순응하고
홍진세파 쓰다듬고 한발뒤로 물러앉아
홍련처럼 우아하게 선비정신 이어갈제

꽃의향기 그윽함에 우비고뇌 녹아내려
꽃의자태 아름다움 시름잊는 생애려니
비눈온다 두려울까 세월간다 외로울까
비눈오면 오는대로 세월가면 가는대로

사랑사랑 귀한사랑 어화둥둥 참사랑의
사랑노래 젖어드는 여유롭고 넉넉한맘
이심전심 한마음에 다정다감 소통화합
이고득락 자리이타 현세실현 무릉도원
로타리를 돌고돌듯 빙글빙글 도는세상
로망싣고 달려가는 행시열차 글밭세상

분단장에 여념없는 사오월의 따순햇살
홍당무가 따로없이 불콰하게 달아올라
꽃향기에 이리비틀 저리휘청 취한바람
비몽사몽 어린듯이 노글몽롱 꿈을꾸듯

사연품은 봄꽃동산 추억담는 상춘지심
이한순간 귀한시간 놓칠세라 허둥지둥
로또복권 부럽잖은 청춘남녀 황금시절

꽃 피고 새가 울면

꽃피워낸 대견함에 아름다운 자태뽐내
꽃을찾은 벌나비들 팔랑팔랑 춤을추고

피워담아 짙은내음 꽃술향기 감미로움
피죽먹던 고난시절 추억속에 묻어둔채
고마움의 미소담은 다정다감 이웃정에
고진감래 꿀을따며 아득하게 시름잊고

새옹지마 인간만사 고통벗는 환희로움
새로운힘 북돋우며 길떠나는 나그네삶
가고옴에 예고없는 질곡의삶 추스르며
가녀린속 굵던심사 창문틀에 묶어놓고

울적하면 한잔술에 콧노래를 불러가며
울울창창 오리무중 슬기롭게 헤쳐가며
면역성을 길러가며 자욱자욱 새겨온삶
면경속에 비친모습 만족일까 불만일까

꽃잎으로 담고품어 그윽하게 퍼지는향
피둥피둥 살오름에 오동통한 봄의융기
고향소식 듬뿍담은 그리움속 봄풍경에

새순돋는 싱그러움 아름다운 봄의자태
가닥가닥 아롱아롱 따사로운 봄빛향기
울근불근 티격태격 개구장이 봄동산에
면사포쓴 신부모습 천상선녀 봄빛요정

시원한 나무그늘

시원스런 계곡물에 울창한숲 매미소리
시심품은 아름다움 아기자기 뭉게구름
원시적인 자연모습 수채화속 여름풍경
원근불문 푸르름에 풍년기약 짙은녹음
한달음에 달려가서 만나고픈 소꿉친구
한여름밤 모닥불에 풀어헤쳐 태운향수

나뒹구는 추억편린 고스란히 묻어남에
나도몰래 젖어들어 꿈속환상 헤매일제
무슨사연 그리많아 날밤새도 끝이없나
무궁무진 도란도란 옹기종기 소곤소곤

그림자를 드리운채 雪雲속에 떨던고목
그림처럼 두른바위 만고풍상 버린기상
늘그자리 끝내지켜 천변만화 견디면서
늘상같은 하루하루 천만년을 담은풍경

시름접은 무심속에 달님품고 흐르는강
원후취월 욕념치심 바람결에 실어보내
한가로운 나눔의정 시골향기 삶의여백

나래접는 보금자리 안식번식 철새둥지
무서리가 내리기전 떠나야할 임시거처
그렁그렁 고인눈물 고향생각 아린향수
늘그리던 무릉도원 하세월에 찾아갈까

산책로의 마지막 잎새

산들바람 살랑살랑 날다람쥐 쪼르르르
계곡물은 졸졸촬촬 귓바퀴는 간질간질
책을덮고 누웠더니 산그림자 드리우고
물소리는 슬그머니 솔바람과 어울리고
로망실은 황혼의꿈 빚어놓은 아름다움
꼬불꼬불 산길따라 꿈결같은 산수화폭
의기천추 낙락장송 숲그림자 머무는곳
가람뜨락 바람맑아 풍경소리 운치있네

마곡사의 일주문에 만고풍상 걸려있어
웅장하고 단아하고 품격높은 수도전당
지평선을 물들이는 붉은햇살 오색구름
청송노수 천하절경 형용불가 풍광인데
막힘없는 계곡물에 담쟁이가 잎거두니
실체없는 언약이요 흔적없는 꿈이런가

잎이지고 열매맺음 만고불변 무상진리
봄꽃새싹 초목낙화 경이로운 천지조화
새소리와 물소리에 청정향기 뭉게구름
유유자적 대자연에 竹도절로 花도절로

겨울 바다

겨드랑이 가려워서 시원하게 긁었더니
두드러기 일어나며 씨근벌떡 성을내고
잘못했다 죄송하다 애절하게 빌었더니
의기양양 버팅기며 시뻘겋게 일어나네

울어머니 나어릴제 등긁으며 달랬는데
막무가내 가렴증이 내성질을 부추기니
한심하고 원통하고 분통터져 괴로움에
안되겠다 작정하고 연고발라 잠재웠네

바다보다 넓고깊고 하늘보다 높고커서
온우주를 감싸안을 부모님의 후한사랑
오므리고 앙다물면 한량없이 작아져서
바늘끝도 뚫지못해 굴강하게 박한마음

다재다능 항우장사 아픈데는 무용지물
고관대작 부자재벌 죽을병엔 속수무책
시냇물은 졸졸흘러 강과바다 절로가니
바람결에 구름따라 내마음도 절로절로

인연과 우연

인생반려 동행길에 햇님반긴 천진난만
꽃피우는 봄을맞고 땀흘리는 여름지나
붉게타는 가을여정 설한풍의 겨울딛고
하늘향한 사자후에 웅비하던 희망나래

연자방아 돌리는소 빙글빙글 턱에찬숨
걷어채여 휘둘리고 찢겨가며 울고웃고
황금대지 피빛꽃잎 여린마음 흩날리며
생사고락 함께하는 인생살이 다사다난

과거지사 묻지않는 먹구름의 심통속에
휘어진채 접힌나래 만신창이 고단한몸
천지만물 조화속에 울근불근 덧없는삶
눈깜빡새 흐른세월 어른대는 冥界의문

우여곡절 담은별빛 바람소리 말동무에
기척없이 비친달빛 산천경개 병풍삼고
먼저가신 선지자의 열반송에 탄식얹어
날아가는 철새잡고 고향소식 묻는심사

연모지정 남긴생애 아쉬움을 달래가며
차운별빛 쏟아지는 고갯마루 올라보니
할일마쳐 해탈한님 주막찾을 걱정않고
콧노래를 불러가며 유유자적 거니는데

필부범부 숨가쁘게 짚신바랑 노자챙겨
광명암흑 교차로길 물어물어 찾아드니
정적속의 요단강물 오리무중 사후세계
북망산의 안개꽃은 어드메쯤 걸렸을까

양친부모 미생 전에…

양상군자 육근육진 눈가림의 다겁생에
거꾸로삶 살게하며 참나인양 나를속여
친근한체 본성인양 감쪽같이 헤맨생애
비몽사몽 전도몽상 선악왕래 인과나름

부중생어 천방지축 흑묘백묘 교차지간
우물안의 꿀에팔린 어리석은 중생심에
모순속의 정법진리 왜곡될까 조심하며
코끼리의 걸음으로 길없는길 정진하는

미생전을 풀려는행 틀어막은 활구참선
이론으로 알수없는 유아독존 화두천하
생사윤회 벗어남의 혜량불가 견성성불
생애염원 생사해탈 자유자재 누리는복

전설적인 선지식들 족적담은 조사어록
단박으로 회자되는 여래지에 일초직입
에피소드 다양하게 펼쳐놓은 고승열전
무한지혜 재치해학 나도몰래 빠져들고

무가지보 보배구슬 보고듣고 두루하는
절대본공 나의실체 주인공에 모두맡겨
슨상님도 불가설에 떠나지도 않으면서
머물지도 아니함에 볼수없는 반야거울

옷벗을땐 손에있고 쳐다볼땐 눈에있어
벗어나지 않으면서 속하지도 않는것에
을녀갑남 누구든지 버릴수도 없으면서
취할수도 없는무엇 헤아려선 알수없는

입씨름을 접어두고 백척간두 진일보해
죽자하고 한발딛는 용기라야 깰동말동
었자절벽 뚫어가듯 삼세심의 불가득중
어느맘에 정심할까 화두타는 복중천복

는개비에 눈흘기며 마음밖의 맘구하면
끝끝내는 얻지못해 해탈지견 인가불입
가사환경 주변탓의 이유여하 핑계접고
지금당장 무심이면 본성바로 증득하지

댓글 찬가

댓살성품 시원함을 짝사랑한 백수건달
죽부인을 끌어안고 비몽사몽 헤매돌아
글밭정글 헤쳐가며 황홀지경 빠져들제
꿈결속에 만난정인 댓글없다 돌아섬에

찬란한꿈 무너지고 타는가슴 저려옴에
후회막급 통탄개탄 지난날의 댓글외면
가사장삼 부여잡고 댓글쓰마 약속하니
야멸차게 돌아선님 못이긴척 배시시시

댓글답글 유려함에 넋을놓고 돌아본글
느낌좋은 감동사연 구구절절 절창이라
글빛모아 꿰어논듯 영롱함에 깔끔매너
고귀한맘 값진글귀 새콤달콤 황홀하고

찬란하고 맑은향기 감미로워 구김없고
한올한땀 곱게엮어 깨알같이 고소하니
가식없는 너나우리 방글방긋 환한웃음
마음나눔 댓글답글 화중지화 언중지언

맘 뒤숭숭해

맘모스가 활개치던 구석기가 도래했나
말안되는 반전상황 빈발하는 노름판에

뒤태보니 아름다워 앞태마저 그러려니
한순간의 지레짐작 기상천외 따라지패
숭숭뚫린 앞니에다 일그러진 동공사이
풀어헤친 앞가슴에 불콰하니 취한건달
숭고하고 고결하니 우아함의 여인표상
우러르고 칭송하는 신사임당 오만원권
해가지고 달뜨는새 국화단풍 헤쳐가며
오매불망 그리던패 눈에삼삼 삼팔광땡

맘졸이는 고함소리 보고듣는 자취없어
만리하늘 한모양에 모든것이 둘아니고

뒤안길의 담장아래 밝은달과 맑은바람
어지러이 게슴츠레 솔가지를 희롱하매
숭덕광업 말은쉽고 실천하긴 어려움에
천리가는 걸음인양 한발두발 떼는마음
숭유억불 삼봉선생 청룡백호 용기묶어
조각달에 싣던포부 꿈에그린 꽃잎향기
해와달을 바라보는 사대오온 본공이니
유정무정 넘나들며 무한설법 쏟는시절

색즉시공 공즉시색

색과공이 어우러져 조화이룬 무한우주
인식되는 모든물질 색이라는 이름붙여
전후좌우 상하허공 비고비어 진공이라
아무것도 없는세상 공이라고 명명하니

즉시즉각 반응하며 변화하는 그속에서
바람한점 샐틈없이 치밀하게 엮인우주
시시비비 가리잖아 호불호가 본래없고
동서남북 구분없어 오가는곳 따로없네

시작없고 끝도없어 단정할수 없는세상
하나가곧 일체이고 일체가곧 하나인것
당기는힘 그자체가 에너지를 의미함에
있다하기 어렵지만 없다고도 할수없어

공과색이 어우러져 무궁변화 이룬세상
생멸하는 시공간은 인간들이 정한개념
에너지와 질량간의 등가원리 과학근원
깨침으로 밝힌진리 경이롭지 아니한가

공과색을 왕래하는 온우주의 만물만생
모였다가 흩어지는 구름현상 다름없어
조각조각 나눠가며 티끌마저 분해하면
모든물질 예외없이 어김없는 공이되고

즉한공간 서로당겨 뭉쳐지면 물질되니
당기는힘 끊어지면 색이란건 없음화해
반야심경 핵심구절 색즉시공 공즉시색
분열융합 풀어놓은 미증유의 깨침진리

시점극한 빠른찰라 무한대의 제로시간
과거현재 미래세가 꼬릴문채 한몸이라
과학적인 현상들을 세밀하게 관찰하면
유무간의 교차왕래 드러나는 성주괴공

색즉시공 해석하면 핵분열의 근본이요
공즉시색 알고보면 핵융합의 원천이니
만법근원 제법궁극 무아무상 불변진리
첨단과학 무극정수 천상천하 유일무이

한밤의 방송

한이서린 남매야그 아침부터 생각나니
새콤달콤 버무려서 시한수를 지어볼까
밤의제왕 회원님들 공사다망 행차길에
상쾌하고 즐건마음 하루일과 행복시작
의기투합 상부상조 카페빛깔 윤이나고
부조화의 독선독단 으르렁에 썰렁하니

방귀소리 하나에도 에고쿠려 몬살긋다
향기좋은 거름이다 해석방법 구구각색
송골송골 맺힌땀에 안쓰러운 어미마음
흉될까봐 가슴졸여 털어주고 닦아주고

한올두올 꿰어들고 넣고빼고 갈아끼워
전후좌우 살펴보며 안성맞춤 가려내고
밤꽃내음 향료풀고 글밭향기 조율함은
온갖양념 버무리는 쉐프들의 요리같아
의사소통 친목융화 첫단계의 묘방비법
카페창을 밝히는닉 나도몰래 정이들어

방방곡곡 맺은친구 우글우글 바글바글
고적감이 달아남에 외로울새 없는나날
송백지조 따로없어 한결같은 카페회원
댓글답글 오가는새 한통속의 친구라네

밤하늘에 은하수

밤차타고 떠나신님 눈에삼삼 아련하니
지는낙엽 서글픔에 잠못이뤄 지새운밤

하세월에 다시만나 못다한정 나눌건가
천만년의 풍설담아 무심으로 비친은하
늘그리움 걸어둔창 잔주름만 늘어갈새
공수래에 공수거길 마음비워 텅빈하늘
에이는듯 저미는듯 조바심을 엮은생애
비워가는 그가운데 행복찾는 황혼녘에

은은하게 들려오는 처마끝의 풍경소리
적막강산 구비돌아 참된삶을 일깨움은
하수상한 시절인연 말도탈도 많은속에
밝은마음 긍정으로 호탕하게 호호하
수신제가 평천하에 삼독심을 씻어내니
형제자매 이웃사촌 가화만복 우수수수

인연 따라 육도 윤회

인시묘시 어제오늘 비교해본 나의모습
뚜렷하게 달라진것 금세찾기 어려우나
일이십년 삼사십년 숱한나날 지난후에
격한시절 비교하면 확연하게 다른모습

연줄연줄 바뀌는몸 땜질하고 헐고벗겨
끊임없이 변해감을 달리인식 않는일상
하늘베고 누운구름 흩어지니 텅빈하늘
숨끊어진 사대육신 세월가니 한줌의흙

따끔하게 혼나가며 천방지축 뛰놀던나
만고풍상 쓸어담아 서리앉은 현재의나
과거부터 현재까지 희로애락 함께하며
나라하던 그기운은 어드메서 찾을건가

라면먹고 나라했고 고기먹고 나라하니
어느때가 진짜나고 어떤몸이 가짜난지
살아생전 울고웃고 예나제나 나라하며
활동하던 그기운은 숨끊길제 어디있나

육식채식 먹고싸며 좌절번뇌 함께하던
사대육신 흙에묻혀 지수화풍 흩어지고
흙과비와 바람으로 동물이나 채소되어
식탁위에 다시올라 몸속으로 되오가니

도미쏠도 반복순환 헌옷벗어 새옷입고
거듭거듭 생멸하며 돌고도는 틀속이라
죽었다가 환생함만 윤회인게 아닌게요
생시현재 이순간도 쉬임없이 윤회하네

윤가홍가 끼던반지 문가왕가 걸고다녀
영구주인 없는세상 빌려쓰다 가는인생
정처없는 나그네길 들숨날숨 오가는새
날저물고 해떨어져 황혼빛이 어둑할제

회자정리 인연사에 저승문턱 코앞이라
길모르는 갑남을녀 길찾느라 우왕좌왕
눈감으면 고향산천 눈을뜨면 난향짙어
대자유인 고향갈제 뭇중생들 허둥지둥

월하독작

월궁항아 유일친구 사후전설 천재이백
천년세월 시공초월 은하건너 띄운풍월
하수상한 세월속에 옛날인걸 간곳없고
풍우한설 담은세상 개벽천지 장강대하

독수공방 긴긴날밤 지새우던 열녀마님
살림꾼의 고운손길 우여곡절 담은장독
작살맞은 붕어인양 달달떨던 초야신부
삼년만에 손톱세워 서방안면 혈화공작

월계수에 옥토끼꿈 달의전설 어슴푸레
아폴로에 깨진서정 광맹의꿈 공산명월
하세월간 기다리던 견우직녀 빛바랜날
詩仙이백 마주함에 따지잖는 신분고하

독주마셔 취해뿔모 재생하기 어려움에
자제하고 삼가할제 극복되는 알콜중독
작설차의 은은한향 어리는듯 취하는듯
후각미각 곤두세워 음미하며 홀로자작

여름에는 모시옷…

여유만만 한가로운 황혼녘의 나그네길
름연하게 할일마쳐 담담해진 범부장부
에누리가 없는진리 前今來生 인과응보
는개빗속 오리무중 햇살비춰 투명한삶

모든마음 쏨쏨이에 자유자재 신기막측
시종일관 당당함에 비교불가 으뜸자산
옷입었다 벗는사이 찰나지간 시공초월

입신양명 부럽잖고 광풍폭우 두렵잖아
고뇌우비 요동처도 페찬구슬 만능보배

겨우만난 진리의문 길잃을까 안절부절
울울창창 번뇌의숲 끝이없는 고해바다
에두른뜻 참구하는 거사보살 수행의길
는적대는 한여름도 구도의지 훼손불가

방일함을 툭툭털어 풍설한파 뚫어내고
한참깊은 가시덤불 길없는길 헤쳐가며
복색에는 무감각해 사방천지 공간증발

입꼬리에 걸린염불 비몽사몽 삼매경에
네내없는 빈손으로 온우주간 유유자적

自存 別曲

자장가에 칭얼대고 돌떡받아 아장아장
가족친지 한가운데 주인공된 첫돌아가
자유분방 거침없는 좌충우돌 개구쟁이
천진난만 앳된모습 천방지축 유소년기

미래설계 부푼꿈에 젊은혈기 왕성활력
역동적인 이십대의 군복무중 청년모습
좌우앞뒤 가늠해볼 여지없는 경제활동
참여주체 산업역군 사오십대 중년모습

존재일별 살펴보면 찾기힘든 변화지만
십년주기 잘라보면 뚜렷하게 변한모습
지금현재 이모습도 찰라찰라 변해가니
십년후의 내모습은 어떤모습 그려낼지

변치않는 나의모습 어디에도 없음인데
어느때의 내모습을 진짜나라 내세울까
첫돌때나 유소년기 청년기나 중장년기
변한모습 자각않고 한결같이 나라했네

별궁예수 친견때도 내본체가 친견하고
염라대왕 앞에서도 내본체가 부복하고
구원구제 받을때도 내본체가 받을거고
천당극락 간다해도 내본체가 가야하니

눕고앉고 먹고자고 보고듣고 울고웃는
나의본체 모르면서 뭣을세워 나다할꼬
해답없는 설왕설래 네신내신 귀신아닌
자기자신 찾는일이 최우선의 화급大事

곡면평면 다면단면 소리냄새 빛깔없고
사방팔방 삼세간에 있는곳이 따로없고
뛰다걷다 잠을자고 춤을추고 노래하다
화를내며 소리치니 없다할수 없는물건

있나없나 살펴봐도 찾을수가 없음이라
내놓으라 다그치면 내놓을게 없는물건
시방삼세 시공간을 걸림없이 오고가며
좋다싫다 갈등하는 묘한물건 바로나요

저기요

저기가는 저나그네 쉴틈없이 바쁜모습
가던길을 멈추시고 한숨돌려 날좀보소
내가온곳 어디이며 내가갈곳 어디인지
알지못해 궁금해도 굳이알려 하지않아

인연연기 외면하고 만고진리 무시함에
아귀축생 극한고통 속수무책 감내할까
생과사의 갈림길에 쉬임없이 가는시간
미래삶이 궁금커든 오늘의삶 살펴보소

기러기가 전해주는 고향소식 들어보니
동이트고 해지는건 대자연의 흐름일뿐
의지대로 못살면서 지표없이 우왕좌왕
혼돈속에 갈팡질팡 한평생을 허송세월

주인공을 잃은삶에 여섯도적 주인행세
다겁생에 전도몽상 이리저리 끌려다녀
인과응보 지중한법 삼독심의 어리석음
끝도없는 육도윤회 질곡속에 신음하네

요론조론 모양없고 색깔또한 없는마음
있는곳이 따로없고 가는곳도 따로없어
없음인가 살펴보면 오가면서 울고웃고
내놓으라 다그치면 내놓을것 없는물건

이집권장 뉘신가고 진지하게 여쭈올제
묻는말에 답한주체 고개바로 주인일세
몸뚱이를 주인으로 잘못알고 살아온삶
전도몽상 바로세워 착각의틀 벗겨내소

비가 내리면

비구름뒤 뚫린하늘 강렬하게 쏘던햇살
비몽사몽 어린꿈속 스친모습 그리운님
가랑비에 잠긴우수 흐르는줄 모르는새
가슴적셔 몽글몽글 떠오르는 소꿉친구

내친김에 철벅철벅 치기어린 물장구에
내리는비 말아쥔옷 우산속에 그린추억
리본삼아 꽂은들꽃 찰랑대는 머릿결에
리폼되어 다가오는 머언옛날 동심의꽃
면사포에 얹힌사랑 굽이굽이 세월안고
면경속의 자화상에 서리서리 앉은서리

비열악랄 공포속에 저질정화 희생제물
비실비실 배선생의 어릿광대 개다리춤
가슴으로 다가와서 땅을치던 웃음바다
가갈갈갈 서선생과 백여사의 환상콤비

내빼꼽을 쥐어짜며 한시대를 풍미하고
내또래의 웃음보를 좌지우지 하얏으나
리액션의 즉흥재치 천재적인 코미디언
리콜해도 올리없고 불러봐도 대답없어
면허증을 발급해야 찾아뵐수 있는분들
면회불가 염라부의 코미디부 계시굿제

집착을 벗어나는 門(布施)

집착함의 후유증은 혼돈속의 번민고뇌
해방감을 느낄적에 삶의질은 향상일로
가난하고 찌든생활 돈욕심에 휘둘리고
멀어진날 과거지사 전성기를 끌어안고

착각으로 얼룩지고 고통으로 일그러져
철석같이 믿었던님 배신으로 날밤새워
희로애락 담아내며 분노하고 갈등하는
천변만화 인연사에 만고풍상 얽매인삶

을씨년한 늦가을에 기척없이 찾아들어
살벌하게 스쳐지난 슬픈기억 아픈날들
우주간에 일어나는 천만가지 인간사에
호불호를 막론하고 어떤일은 없겠는가

벗고싶은 금권욕의 집착더는 훈훈한맘
불우이웃 돕고사는 그게바로 보시인데
고통번뇌 속진벗어 불전함에 돈넣으니
보시금을 거둔스님 쓰레기값 받는다지

어둑한양 공념이면 무주상의 공덕보시
얼마냈다 새겨두면 복덕받을 보시인것
화급지경 돕는것도 욕심더는 방편이니
불전함에 넣는돈만 布施인건 아닌게지

나와남이 하나임은 우주바탕 근원으로
피고지고 순환하는 우주세상 불변진리
떨구려고 잊으려고 부단하게 노력해도
마음대로 되진않아 쉽게털지 못한집착

는적는적 달라붙어 떨어지지 않는질김
본래가치 뒤로숨긴 핑계보시 중생구제
주재자도 모르는새 반복집착 물들어가
습관적인 고착화에 질곡속의 한숨시름

문전갈등 욕심덜어 부모형제 이웃들에
나눔도움 보시행에 자신주변 밝히나니
복밭공덕 힘을받고 마음바탕 맑아져서
삶의무게 덜어지니 보시효과 일거삼득

중생구제 운운하며 남돕는다 자랑함은
무한량의 공덕버린 소탐대실 복덕차원
자기욕심 털어모아 쓰레기로 버리는셈
자기집착 떨치는맘 보시공덕 참된도리

나의 인생 내 지게에 걸머지고

나라하는 이한물건 근본원류 돌아보면
양친부모 몸을빌어 한철살다 가는모습
의심의혹 꼬리물어 나는뭘까 살펴보니
육신형상 나아니고 진짜나는 텅빈하나

인연따라 만났다가 인연따라 헤어짐에
구름모여 흩어지는 본공회귀 다름없고
생멸속의 모든현상 고정된것 하나없어
선각자의 이구동성 변함없는 무상진리

내모습을 떠나잖고 나라하는 묘한물건
천당지옥 가야할나 업경대에 비쳐질我
지난시간 되오잖고 두번다시 없는흐름
참나찾아 심판받음 억울하진 않을텐데

게걸음에 돌아가든 한달음에 뛰어가든
누구든지 언젠가는 거쳐야할 필연의길
에둘러서 피해봤자 영생하는 재주있나
흑묘백묘 자연교차 막을수가 있을건가

걸음걸음 발길마다 생각생각 담겨있어
매순간의 교차로에 한찰라도 빈틈없고
머지않고 가깝잖은 짙은안개 오리무중
하루속히 참나찾아 등불밝혀 편히갈일

지혜열린 선각자가 이고진이 바라볼제
다리난간 붙안고서 허둥대는 장님모습
고통번뇌 집착떨쳐 죽자하고 놔버리면
평지바닥 지척이요 서방정토 코앞인데

3장 마음의 고향

남녀노소 불문하고
평생 하는 마음공부 동참하는
모든 이가 도반이죠
...

마음 닦는 모든 분들
참선명상 가리잖고 한마음의
도반들과 공유하는
...

시작이 반

참나찾기 시작한지 숱한세월 흘렀으니
시작이반 속담따라 반환점은 돌아온셈
시작아니 했더라면 절레절레 소름돋아
오리무중 해탈지견 갈길멀어 아득해도
고해바다 건너는나 너무나도 장쾌한길

길

마음마음 갈고닦아 지혜광명 찾는길에
탐진치심 오락가락 꼬릴물고 시샘하니
노심초사 중생지심 애간장이 다녹는다
놓아두면 텅텅비어 닦을바가 없는것을

굴비인생

형체없는 동아줄로
모든생명 꿰어놨네
동물식물 너나없이
주렁주렁 굴비처럼

허허 참

허공심은 파란땅에
황토먹은 금빛하늘
땅오름에 하늘내려
하늘밟고 땅을이고

수행인

육안으로 아니보면 분별할일 없음이고
귀를열어 듣잖으면 시시비비 하릴없어
오나가나 자나깨나 용맹정진 참선수행
염불묵언 방하착에 화두일념 해탈의길

넉넉하고 공적하여 한물건도 없음이니
삼라만상 산하대지 온우주가 고향이라
죽음문에 든적없고 죽음문밖 나서잖아
물거품과 같은삶에 팔십평생 일장춘몽

자등명은 오직자신 법등명은 오직진리

무릉도원

새소리와 물소리에 바람소리 풍경소리
처처불상 사방천지 처처법음 쟁쟁하니
자비광명 지혜반야 오도의길 재촉하고
끊임없는 방하착에 텅빈거울 무릉도원

문수보현 관음보살 둘러앉아 마주한차
감로차의 겁외향기 너도한잔 나도한잔
무명업장 본래없고 칠통또한 본래없어
겁외겁의 차향속에 익어가는 신심이여

콧구멍이 없는 소

영양가는 산화하고 물기없이 삭은고목
노을빛에 고색창연 철새의깃 안타까움
비가오면 젖지않나 바람불면 날아갈까
새둥지를 끌어안고 좌불안석 노심초사

깨친것도 아니면서 기인이사 아닌것이
청맹과니 길잡이에 무간지옥 자청하니
사정없는 삭풍불어 벌벌떠는 오죽잎새
시린철새 기침소리 꽃살문에 볕은들까

설한풍에 얹힌시름 설산좌상 가녀린새
쓰다듬고 토닥이는 산새매화 안쓰러움
하늘시름 먹장구름 새싹들의 양식되니
용틀임의 명주사는 고진감래 값진선물

먹구름을 거둔하늘 쏟아지는 밝은달빛
시름잊은 산새매화 갈곳없는 아픔시름
세상사에 얽힌고뇌 언땅녹여 묻을적에
설산준령 보이잖고 나마저도 없음이라

황진이가 읊조리고 사임당이 거닐던길
우비고뇌 웃고울며 외로움에 떨던세월
먹장구름 거둔하늘 잠든바람 교교한달
맑은거울 산새매화 오간흔적 자취없다

얻을것도 본래없고 잃을것도 본래없어
본래둘이 아닌것을 이것저것 나눌건가
넉넉하고 공적하여 한물건도 없음이니
콧구멍이 없는소의 생사해탈 둘아니네

3장 마음의 고향　165

無財七施(무재칠시)

곳간비고 돈없을때 적수공권 보시궁행
재물이나 돈없이도 당당하게 할수있어
화목환희 밝은웃음 끊길새가 없는형국
무한량의 베풂공덕 無財七施 으뜸이라

부드러운 정다움의 화색띠운 온화함에
거부감을 녹여내어 안온함을 선사하니
너나우리 걸림없이 온세상을 품은상호
어둠거둔 편안함의 밝은미소 和顔施요

악의없는 칭찬에는 돌고래도 춤추는법
남이들어 즐거웁고 기분좋게 해주는말
모자라고 넘치잖아 분위기와 어울리니
맑고밝고 부드러운 칭찬격려 言施지요

숨겨두고 꺼리거나 속일생각 아예없애
격의없는 포용력에 묵은감정 흔적없고
닫힌마음 문을엶에 무한량의 너그러움
따순기운 밝은마음 이심전심 心施고요

부드럽고 해맑은눈 진심어린 눈빛으로
자비지혜 의미담아 말없는말 전하는법
의혹없는 믿음키워 맑고밝은 존중의빛
다정다감 평온담아 바라보는 眼施지요

깨끗한일 더러운일 들어주고 옮기는일
손쉬운일 어려운일 작고큰일 막론하고
불편함을 덜어주고 부족한손 보탬주며
온몸으로 이뤄지는 몸보시가 身施구요

예의바른 공손겸허 너그러운 포용력에
상대주장 존중하고 자기주장 굽혀들고
차례차례 줄서기나 대중교통 이용에도
내자리를 내어주고 양보하는 座施구요

부족하지 아니한가 넘치지는 않을건가
불편함은 없겠는지 아파하진 않을런지
물어보지 아니한채 상대마음 헤아려서
스스로가 알아채고 도움주는 察施지요

법의 향기

가벼운말 진중한말 재치익살 음담패설
바람소리 물소리도 어김없는 법음이요
수행길의 도반님네 뚜벅뚜벅 가시는길
처처법상 처처법음 처처도량 아님없어

온우주의 만물만생 올바르게 사는도리
고육지책 전법방편 이름하여 불교불법
성주괴공 생멸현상 과학초월 무한이치
깨달음을 추구하는 유일무이 해탈종교

선종불법 삼처전심 부처님의 자비지혜
연꽃들어 미소지음 영산회상 염화미소
반자리씩 나눠앉은 다자탑전 분반좌에
관밖으로 두발내민 사라쌍수 곽시쌍부

흑묘백묘 쉬지않고 갉아먹는 동아줄에
대롱대롱 매달린삶 단꿀빨며 희희낙락
지표없는 윤회의삶 허송세월 고이접고
쉴새없는 방하착에 대자유를 누리는향

"나"는…

밥상밥은 밥이지만 먹고나면 몸속에서
살과뼈와 피가되니 내몸되어 나라하고
물과채소 생선과일 모두모두 이와같아
본래나를 찾아보면 어디에도 없음이네

부모인연 몸을받아 자연에서 배워익혀
홀로인것 하나없이 의지하고 빌려쓰니
뜻과생각 나아니고 이몸또한 나아니니
나란것은 어디에도 존재하지 않는물건

본래부터 나가없이 인연따라 오가는것
이름지어 나라하고 내것인양 집착하니
익힌생각 익힌관습 익힌가치 고정관념
우리들의 머릿속에 물을들여 놓았다네

밝은달빛 소리없고 맑은바람 빛이없어
흔적없이 오고가며 머무르고 떠나가니
비어있는 모습들이 빈틈없이 차있음에
헛된꿈이 생시이고 생시모습 꿈이라네

생멸의 妙 1

인연따라 모였다가 인연따라 흩어지니
모양없고 흔적없는 흐름속의 묘한작용
모였다가 흩어지는 에너지의 조화속에
신비로운 우주세상 생성소멸 만물만생

모여들때 열을내고 흩어질때 열을내고
모여들때 빛을뿜고 흩어질때 빛을뿜어
빛이나면 빛에너지 열이나면 열에너지
離合중에 발생하는 에너지의 변환작용

잡아당겨 모여들고 부딪치고 밀어내며
서로엉킨 에너지가 다름아닌 색이되고
에너지 引力끊겨 흩어지면 공이되니
모였다가 흩어지는 성주괴공 천지조화

모여들어 생성되고 흩어지면 멸이되니
이합집산 지수화풍 에너지와 다름없고
만물만생 한가지도 에너지가 아님없어
에너지의 천변만화 색즉시공 공즉시색

생멸의 妙 2

생겨났다 없어지고 없어졌다 생겨나고
찰라찰라 교차하는 이합집산 성주괴공
인연따라 모였다가 인연다해 흩어지니
유와무로 얽힌세상 시방삼세 우주천하

끊임없이 쪼개쪼개 결국에는 영이되니
핵분열의 바탕이론 반야경의 색즉시공
수학적인 의미부여 微分이론 탄생되고
무한대의 나눔설정 핵분열의 근본원리

끊임없이 모아모아 완성되는 한물건에
핵융합의 바탕이론 반야경의 공즉시색
수학적인 의미부여 積分이론 탄생되니
무한대의 모음설정 핵융합의 근본원리

零壹無有 왕래간에 빚어지는 세상만사
단순복잡 아우르는 零과壹의 日常풍광
유형무형 그림자에 선악따져 무얼하나
잡아둘것 하나없어 그러구러 살다가네

생멸의 妙 3

비오더니 눈내린다 산에들에 강과바다
무우배추 싱그럽고 꼴뚜기는 포동포동
쪼르르륵 김치찌개 두부전골 오징어에
오뎅국물 홍합탕에 샤브샤브 보글보글

배부르고 등따듯해 슬그머니 누웠더니
여기간장 비타민씨 여기신장 요드빨리
붙이고뗀 폐기물을 대장으로 보내면서
한날한시 쉬지않고 몸속공사 분주하다

길거리에 나서보니 무우배추 앞서가고
사과배는 발그스레 부끄러워 상기되고
오징어는 싱글벙글 도야지가 촐랑촐랑
갈색꿩은 바쁜걸음 쪼르르르 달려간다

폐기물이 흙과물로 강들바다 이어가니
비바람에 폭풍우로 아지랑이 안개되어
오고가고 가고오며 쉴새없이 뒤섞여서
짙은향내 풍기면서 흰구름과 어울린다

생멸의 妙 4

점점들이 슬금슬금 때론빨리 기어간다
좌로우로 위아래로 비틀비틀 때론곧게
이어지는 점점점들 날日달月 점의행진
빨강파랑 노랑보라 높고낮고 크고작게

대자연의 조화속에 어울리며 춤추는점
무지갯빛 어우러진 에너지의 천변만화
뜨거웁고 맵고아파 부딪치고 헤쳐부숴
둥글둥글 모가나고 부드럽고 사나운점

하늘가에 촘촘하게 날고기고 걸려있어
은하수를 모아담고 별똥별로 흩어지며
신비로운 블랙홀의 끊임없는 성주괴공
우주세상 그모두가 유무의점 안에있다

여보여봇 꿈을깨고 날벼락이 떨어지니
생시인연 낯익은점 점하나가 쏜살같이
동공면을 점유하며 크로즈업 되고있어
엉겁결에 후다다닥 점속으로 달아난다

무상(無常)

상수리가 튀는소리 툭툭투둑 산속가득
파르르르 떨던잎새 핑그르르 달려오고
참고참던 홍시하나 철푸더기 떨어지니
임종앞둔 매미소리 쓰르르르 숨차는데

옥빛하늘 눌러짜서 울긋불긋 점찍으니
나뭇가지 무지갯빛 산새절로 분주하고
서녘저편 조각구름 텅빈가슴 철렁하니
물든저녁 노을속에 숨결멎은 고목심정

불어오는 솔바람에 시린물빛 멍든강물
손바닥을 발발떨며 창백해진 단풍잎새
가을타는 낙엽냄새 바알갛게 번질적에
가지마다 잎새마다 여린한숨 걸려있고

일월홀로 술렁술렁 저만큼을 앞서가니
뒤따르는 발걸음은 뒤뚱뒤뚱 엉거주춤
문득문득 산속으로 깊이깊이 찾아들어
허물벗는 매미처럼 훌렁훌렁 벗고픔에

가는세월 소매잡고 운무속에 숨어들어
석별의정 안타까움 차곡차곡 갈피접어
고향가는 철새품에 시름엮어 안겨주니
무심하게 쏟아붓는 차운달빛 시린마음

걸어둔별 다지우고 서산저편 달지는새
알도토리 비탈길을 세월싣고 떼구르르
허공같은 빈마음이 노을끝에 걸려있어
사색하는 긴꼬리를 무상함이 물고오니

유혹한들 붙잡은들 뿌리치고 가는시간
아지랑이 목줄매어 해거름에 묶어두고
소스라친 서릿발을 안개속에 감춰본들
무심하게 가는세월 멈출수가 있을건가

자비미소 먹빛바위 사자후를 토해내니
산허리맨 오색구름 뭉게뭉게 화답하고
명상속에 잠겨들어 오욕락을 헤어보니
부귀영화 실체없어 잡아둘것 하나없네

적정(寂靜)

잎푸르니 나뭇가지 사이사이 푸른빛에
낙엽지니 가지마다 비어있는 허공이고
잎새한잎 고목나무 꼭대기에 남았더니
때이르러 삭풍끝에 묶이운채 끌려가네

여름에도 고봉얼음 녹지않고 남았더니
해가떠도 짙은안개 부득부득 남아있어
솔가지가 파르르르 새의자취 그리는데
나루터엔 사람없고 배만홀로 떠있고녀

적송위에 새그림자 언제인가 종적없고
먹구름은 조각되어 멀리멀리 사라지니
고목나무 마른가지 힘도없이 떨어지고
높고깊은 산속에는 날저물고 인적끊겨

깊은숲속 사람들은 전혀알지 못하는데
안개속에 아득하게 가는길을 헤매이다
짙고짙은 운무속에 홀로마냥 서있을새
시린달빛 찾아들어 맑고밝게 비추이네

유유자적

적송비춘 달그림자 솔바람에 흔들리고
적막감에 자지러진 실낱같은 낙엽소리
솜털같은 구름잎이 솔가지를 스쳐가니
나뭇가지 절로울어 산새들은 분주하고

해가짧은 산속집에 밤은깊어 고요한데
깊은골에 무성한숲 사람발길 끊어지니
쏟아지는 폭포수에 꿈길막혀 헤매이고
가던눈길 뭉게뭉게 구름막혀 종적없네

창문여니 푸른달빛 소리없이 다가서고
문닫으니 형체없이 흘러드는 바람소리
등받이에 기대앉아 명상속에 젖어드니
머언절의 쇠북소리 창호문을 두드리네

섬돌위에 홀로앉아 짙은숲과 마주할제
사람마음 한가로워 가는세월 잊었는데
어둠깊어 시린하늘 비운잔에 술따르니
실바람이 지나가다 추녀끝을 간질이네

이슥한밤 홀로앉아 밝은달빛 벗하거니
풍경소리 술잔속의 둥근달을 흔들고가
방안으로 돌아와서 옷입은채 잠이들어
달이불을 덮고잔줄 미처알지 못했는데

창틀걸린 화초분에 밤새내린 고운이슬
세속의삶 무상함에 마음속이 흠뻑젖어
설든잠을 얼핏깨어 개울가로 내려가서
새벽달을 병에담아 피리불며 돌아오네

태산 덕을 쌓아 감서

어우러져 노래하는 울긋불긋 단풍잎새
자연으로 돌아가며 하늘땅에 감사하고
베풀어준 은혜보답 화려하게 물들이니
이산저산 알록달록 깊어가는 가을인데

베란다에 드리워진 담장이에 공원풍치
은행잎과 어우러져 아름다움 더해가며
솔솔부는 갈바람에 황혼길을 재촉하니
낙엽속에 서린추억 붉게타는 계절이라

홀가분한 바람으로 투명욕심 구름되어
머리아닌 가슴으로 생각아닌 온몸으로
느끼고만 싶은그날 흐르고만 싶은날에
달려가서 만나고파 바람되어 안기고파

바람영혼 품에들어 바람꿈결 아른아른
바람동행 손을잡고 바람그대 기쁨으로
흔적없는 그리움에 세월있나 눈이있나
흰머리가 더해가도 늙지않는 그리움아

누른빛깔 낙엽속에 굴러가는 황혼이라
버팅기고 애를써두 가는세월 잡진못혀
나이묵기 서럽지만 눈귀가려 입을막고
구박설움 비껴감서 요로코롬 살아봄세

아는척에 불평불만 돈돈욕심 툴툴털어
친구만남 불우이웃 처자권속 베풂속에
살아생전 좋은일로 태산덕을 쌓아감서
비워가는 삶의지혜 터득함이 멋일지니

뇌리스친 희열속에 돼지감자 억새풀꽃
일은화신 공은법신 유무간에 오락가락
푸른하늘 흰구름에 일공일공 기가막혀
감싼자연 안긴바람 색즉시공 공즉시색

오색단풍 울긋불긋 억새풀꽃 춤을추고
살랑살랑 코끝스쳐 국화향기 나서는길
허전함과 그리움의 옛그림자 접고보니
시종없고 흔적없어 꿈에그린 오도송아

가람풍광

험한산길 가파르게 고갯길을 지나가고
굽이지고 깊이있는 골짜기를 찾아가니
온갖동물 기화요초 소로길을 뒤덮었고
차운샘물 퐁퐁솟아 졸졸졸졸 흘러내려

뜨락으로 내려가서 구름재를 바라보니
밥을짓는 연기일고 산과별은 으스스스
서산으로 기운해에 숲그림자 흔들리니
가람뜨락 바람맑아 풍경소리 운치있고

산봉우리 햇살비춰 멀리뵈는 폭포수는
강줄기를 매어달고 물줄기를 쏟아내려
하늘멀리 은하수가 쏟아지듯 하는지라
한폭산수 그림인양 착각하는 풍광이네

그기색을 살펴보니 아름답기 그지없어
내마음이 흔쾌하여 色身노예 벗어나고
지상낙원 머언곳에 있는것이 아닌지라
부귀공명 헛된꿈속 무엇하러 헤매일까

숲속그늘 그아래서 산새들과 벗을하며
솔방울로 차달이니 차맛더욱 향기롭고
맑은마음 담은물이 아득하게 흘러가니
별천지가 따로없어 천상세계 이아닌가

오래묵은 조천석위 뭉게구름 흘러가고
지난철새 떠나간뒤 아지오지 않았는데
바위등에 기대어서 휘파람을 부노라니
앞산뒷산 푸르르고 강은절로 흘러가네

각성(覺醒)

개구리의 기지개에 소스라친 얼음녹아
계곡물은 재잘재잘 정겨움이 묻어나고
피어나는 청운의꿈 파릇파릇 움틔울제
아른아른 아지랑이 꿈결같은 봄볕속에

산새울고 새싹돋아 꽃피우고 노래하며
녹음방초 우거지고 가지마다 푸르더니
갈바람의 찬서리에 가지마다 허공이라
나무끝에 남은잎새 눈보라에 끌려가네

속절없는 세월속에 지는낙엽 외로움속
머리위엔 눈꽃송이 칼바람이 불어오고
추녀끝에 밤은깊어 무상함에 잠겨드니
사대원래 주인없고 오온또한 공함이라

먼하늘빛 바라보니 별은총총 빛나는데
은하계를 가로질러 상념들이 우수수
쪽빛하늘 저멀리에 서방정토 아득하고
꿈의고향 그속에는 달빛가득 실려있어

어찌하필 서쪽에만 극락세계 있다던가
봄햇살이 비추는곳 꽃피는건 당연하고
안개구름 걷고보면 두루두루 청산이니
속세거나 청산이나 어찌다름 있을쏘냐

천지팔방 봄을찾아 허둥지둥 헤매지만
봄은이미 매화나무 가지위에 걸린것을
부처님을 안고살며 부처님을 찾는중생
품고있는 부처님을 어드메서 찾을건가

삶의 무게 내려놓고

구름스쳐 지나가는 밝은달빛 그리움에
실낱같이 남은기억 시린바람 부는가을
바람결이 스쳐가며 살랑살랑 물감뿌려
이산저산 알록달록 추억으로 물드는데

시도없고 때도없이 재촉하는 성근바람
속절없는 서리꽃에 번지없는 갈잎편지
굴러가는 낙엽따라 서성이는 황혼녘에
맴을도는 강물처럼 그리움만 구비구비

마음덮은 탐진치심 덜지못한 미숙보다
눈이부신 젊음지나 무르익은 아름다움
묵묵하게 인내하는 가을날의 국화송이
맑은향기 품은자태 완숙의미 바라보며

희로애락 추억담아 여름끝에 묶어두고
희게바랜 빈가슴은 강언덕에 뉘어놓아
갈대숲의 그림자에 목메임의 짙은고독
소리없는 그리움의 사랑이름 베어물고

둥글둥글 둥근세상 이리저리 굴러가며
셀수없이 뒤바뀌는 좋고나쁜 마음들에
베풂나눔 거짓과욕 되거두는 행과불행
어김없이 오고가는 세상만사 사필귀정

대자연의 질서에는 거짓없고 우연없어
춘하추동 사계절은 시시각각 오가는데
숨거두면 지수화풍 돌아가는 이육신은
인생한철 입었다가 벗어야할 옷이려니

죽음앞엔 그누구도 예외없는 나그네길
인간도리 저버리면 짐승차원 면치못해
양심체면 지켜가며 진퇴자리 분명할제
인의예지 본분지킨 참된마음 바른인간

콧구멍이 없는소의 코를꿰어 길들이고
꿈을깨워 오고가며 자취없는 삶의길에
번뇌녹아 성성적적 그가운데 달빛밝아
삶의무게 내려놓고 여유롭게 쉬어봄세

등불

없는것이 아니면서 있다할수 없는하나
시작없고 끝도없어 머무는곳 따로없고
가질수도 없으면서 버릴수도 없는것이
소리없고 냄새없고 이름마저 없는물건

흙탕물을 거두며는 개울바닥 보이듯이
안개구름 물러가면 푸른창공 나타나듯
분별심에 가리웠다 무념이면 성성하니
숨죽이고 애태우며 끊임없는 보물찾기

허공속에 티끌이요 티끌속에 허공있어
경이로운 광휘의빛 온누리에 가득하니
오가는곳 따로없이 형체없는 묘한물건
두루두루 싸안으니 둘이아닌 한몸이라

어떤인연 부딪쳐도 걸림없이 오간다면
열반이나 생사거나 한결같은 하나인데
번뇌망상 끊으려다 풍진고뇌 더해가고
보리심을 구하려다 사견만을 더해주네

달마조사 **西來意**를 다시한번 새겨볼제
백척간두 진일보라 실행하기 어려우나
죽고죽고 죽어봐야 깨달음에 이르나니
저승맛을 모르고서 어찌해탈 이룰건가

다리난간 붙안고서 눈먼장님 허둥대나
평지바닥 지척이니 놓고보면 극락이라
흰구름을 이불삼고 산과들을 병풍삼아
푸른바다 술잔속을 달빛묶어 등밝히네

수행자의 살림살이

육근육진 허울속에 속이면서 속고살아
나로알던 여섯도적 뒤바꿔진 헛된살림
천지사방 둘러봐도 의지할곳 하나없어
노을빛에 허둥지둥 참나찾아 나서는길

이승저승 오락가락 수억겁을 거쳐지나
뜬구름을 부여잡고 온갖정성 기울인삶
무상진리 그가운데 허망한나 드러나고
실체없는 한물건이 거듭거듭 몸바꿀제

오란다고 올리없고 가란다고 갈리없고
붙든다고 잡아지나 놓는다고 버려지나
지운다고 없어지나 버린다고 비워지나
뺏을수도 훔칠수도 옮길수도 없는것을

오고감에 제한없어 시공간을 초월함에
서울부산 뉴욕뮌헨 걸림없이 오가면서
과거현재 미래간을 자연스레 왕래하니
줄지않고 늘지않는 본래부동 참된면목

있는곳이 따로없고 걸어둘곳 또한없어
비었으되 없지않고 꽉찼으되 있지않아
소리빛깔 맛과냄새 모양없는 묘한물건
웃고울고 눕고앉고 배고프면 밥을먹지

이한물건 주인삼아 나의전부 의지하며
보고듣고 가다서다 불러보는 주인공아
너와네가 나와내가 거듭나는 진솔한삶
곧추세운 주장심에 믿음신뢰 깊어갈뿐

믿고 맡겨 지켜보소(觀法)

오욕락에 우비고뇌 근심걱정 다비우고
욕심없이 어찌사나 지레걱정 하는중생
부처의길 집착속에 무심증득 정법몰라
번뇌망상 끊는다고 발버둥을 치는중생

생각나기 이전이후 일어나고 사라지는
원판배경 본바탕을 마음이라 명명하고
진아또는 주인공을 별칭으로 사용함에
삼독심의 생사고뇌 평온찾아 나서는길

형상으로 주인삼아 살아오던 생활습관
마음주체 일상사로 바꿔살란 말인고로
일을하고 돈버는일 기피하라 아니함에
애오라지 바뀌는건 일상주체 그뿐이고

태산같은 근심걱정 끌어안고 집착함에
집착않고 놓아두면 근심걱정 걸림없어
전전긍긍 아니하고 평온상태 마음되니
집착말고 놓아둔채 닿는대로 살란거네

번뇌망상 끊는노력 흙탕물을 휘젓는일
있는대로 놓아두면 흙탕물이 가라앉아
투명하고 맑은물을 스스로가 드러냄에
바닥까지 속속들이 볼수있게 되는이치

자기자신 관하는법 명심하여 잊지말고
내려놓아 맡겨두고 믿어주고 지켜보소
다른말로 같은의미 바꾸어서 써본다면
가짜나를 진我에게 믿고맡겨 관찰하소

지켜보는 그가운데 의심생겨 궁금하면
머리굴려 해석말고 풀어질때 기다릴일
관법중에 생긴의증 화두활구 잡은행운
풀어지는 그때까지 부여잡고 늘어지소

관법중에 생긴의심 자발적인 의증으로
자생의증 툭터지면 아하하고 증득되니
철두철미 무심증득 견성성불 그날까지
내려놓아 맡겨두고 믿어주고 지켜보소

믿어주는 정도따라 수행정도 깊어감에
수행력이 깊어지면 나의실체 드러나니
자기자신 스스로가 자기자신 믿음인데
망설이고 꺼릴것이 따로무에 있을건가

내가없는 타인없고 내가없는 세상없어
천지만물 모든것에 나자신이 주체인데
자기자신 믿는것을 미신이라 하려는가
자신아닌 타신섬김 미신이라 해야할까

인과윤회 불투명에 범법자살 생기지만
인과응보 뚜렷해도 마음놓고 죄지을까
내생윤회 확실해도 제맘대로 자살할까
바로보고 바로알아 바른세상 살고지고

한발시작 아니하면 아무것도 할수없고
한발두발 가다보면 목적지에 이르는법
진我의삶 훈습으로 가我의삶 습기제거
자욱자욱 걷는길에 해탈문이 지척이네

주인공(主人空)

은빛나래 설녀의품 고운자태 추녀끝에
달빛별빛 희롱하며 활옷섶을 헤집으니
이승출가 백설여인 임모시랴 빚어낸땀
팔작지붕 추녀끝에 물구나무 번을서고

항하사의 모래알들 부딪침이 사연이요
얼기설기 얽힌사연 굽이굽이 곡절이라
말도많고 탈도많은 중생들의 삶의모습
덜지못해 이고지고 집착함에 고통받아

빛깔소리 냄새없고 드러나는 형체없어
보고듣고 만질수도 크고작고 모나지도
시작없고 끝도없고 있다없다 단정못해
담연하게 밝아있는 영원불멸 등불하나

가고오고 앉고눕고 걷고쉬는 활동주체
보고듣고 냄새맡고 말을하는 조화로움
한날한시 떠나잖아 품고사는 보배구슬
도반들의 일상중에 한물건이 현현하니

본래온곳 없는것을 어드메서 왔다던가
본래갈곳 없는것을 어드메로 간다던가
부동일땐 법신이요 움직이면 화신보신
두몸세몸 아닌것이 하나마저 아닌것을

나의주인 찾아보니 본래주인 자취없어
육형제의 허공꽃만 하늘가를 오락가락
속여가며 속아가며 어리석게 살았으니
유정무정 여섯도적 주인노릇 했었더라

別添 심우송

절집 벽을 사방 돌아
동자와 소 신선 모습 그려 놓아
궁금하던 절집 벽화
…
알고 보니 수행경계
십 단계를 그려 놓은 尋牛圖라
심우도를 글로 옮긴
…

1. 尋牛 소를 찾아 나서다

달이차고 기우는건 천지간의 조화진리
희로애락 좌절환희 우여곡절 품은현실
보고듣고 느낀만상 실체없어 허망한꿈
내가없는 이세상을 상상이나 해봤던가

참담하던 실패안고 서리맞아 센머리칼
화려하던 성공길에 주름살이 마중하니
어찌나서 어딜가나 기척없는 무정세월
옳고그름 분별심은 어지럽게 일어나고

붉게물든 저녁노을 구름모여 흩어짐에
오고가는 나란물건 어드메서 왔을건가
울고웃는 나란물건 어드메로 가야할지
실체없는 나란물건 진면목은 무엇일까

저녁나절 우거진숲 깊은줄을 몰랐더니
돌아가는 나그네길 나무아래 침음하다
석양속에 잘못든길 어이헤매 찾을건가
제행무상 인식하고 참나찾아 나서는길

2. 見跡 소의 자취를 발견하다

휘늘어진 나무아래 많고많은 발자국들
우거진숲 헤친자국 보았는가 못봤는가
울울창창 어우러져 깊은곳에 있다한들
하늘향한 들창코를 어이가려 숨길건가

살펴보고 찾는중에 흔적없이 오고간길
그속에서 느껴야지 따로있지 않은지라
하얀소를 찾는이는 셀수없이 많지마는
이리저리 오가는새 보았는가 말았는가

어지러이 엇갈린길 셀수없이 많고많아
발걸려서 넘어짐에 잘못인줄 알수있나
발자취의 흔적찾아 줄곧따라 가고가다
샘물근원 마주하곤 지나침을 어이알꼬

숨은뜻을 헤아리며 그자취를 알아내니
물과거품 한가지의 물이라는 사실체득
입문전의 임시방편 자취본다 이르나니
바름삿됨 구분안돼 불완전한 진실이네

3. 見牛 소를 보다

아름다운 꾀꼬리는 나무위에 지저귀고
밝은햇살 따사로워 스친바람 서늘한데
더이상은 나아갈곳 어디따로 없지마는
위풍당당 무소뿔은 그리기가 어려워라

갑작스레 마주쳐서 그얼굴을 드러내니
그색깔은 희지않고 푸르지도 않더구나
스스로가 끄덕끄덕 미소띄워 긍정하나
한줄기의 묘한풍광 그림으론 되지않아

그모습을 알아보고 그소리도 알아듣고
이로부터 화가된양 그려보는 멋진그림
머리부터 발끝까지 어슷비슷 하지마는
자세하게 살펴보니 온전치는 못하더라

흔적찾아 들어감에 보이는곳 근원이라
움직이는 작용속에 모든바탕 드러나니
바닷물결 소금맛에 물감속의 아교인데
고리눈뗘 살펴봐도 별다른것 아니었네

4. 得牛 소를 얻다

온정신을 집중하여 가까스로 찾은물건
엎어졌다 젖혀졌다 구름속에 숨었다가
고원위도 올라보며 제멋대로 나뒹굴어
힘이세고 고집세니 잡아두기 어려워라

이제까지 숱한버릇 없어지지 않았음에
가다보면 머리돌려 있던곳을 알려하니
코뚜레를 꿰려해도 콧구멍이 없는것을
어디에다 고삐매어 순순하게 이끌건가

방초숨결 따라가다 한물건을 찾았으나
야생소를 고삐없이 가둬둘수 없는터에
헤매이던 고향길을 분명하게 비추나니
푸른물과 푸른산에 잠시잠깐 머물렀네

야생으로 오래살다 오늘에야 그댈만나
싱그럽고 빼난풍광 끊임없이 그러하니
울근불근 솟는고집 팔팔하게 남은야성
온순하게 하려거든 채찍질을 가해야지

5. 牧牛 소를 기르다

앞생각이 일어나면 뒷생각이 따르나니
미혹하면 거짓되고 깨달으면 진실되어
스스로의 한생각이 일어났을 뿐이려니
사량분별 용납않고 코꿴고삐 당겨줄뿐

채찍고삐 놓지않고 항상하는 마음가짐
제멋대로 가는길에 티끌세계 들까겁나
완전하게 길들여서 온순하게 성숙되면
고삐채찍 없다해도 절로절로 날따르지

청산유수 제분수라 즐거웁게 몸을맡겨
티끌나는 거리에도 거침없이 들어가니
남의논밭 침범할까 저어할것 하나없고
소탄사람 가고옴에 수고롭다 할것없네

완숙하게 길들여져 절로몸에 배인다면
티끌속에 있더라도 물들걱정 하지않아
어설프게 타고놀다 서투름에 겪은좌절
숲아래서 마주치곤 호탕하게 웃어댈뿐

6. 騎牛歸家 소를 타고 집에 돌아가다

걸음마다 맑은바람 가는길이 편안하고
오랑캐꽃 피리소리 저녁노을 실어감에
한박자에 한곡조가 한량없는 뜻이려니
이곡조를 아는이라 굳이말할 필요있나

드러나는 언덕배기 바로나의 집이려니
버들피리 불며불며 석양속에 나타나니
피리소리 홀연하게 환향곡이 되얏음에
이노래를 아는이는 백아보다 낫다하리

비공없는 소를타고 고향집에 돌아가니
삿갓이나 도롱이도 저녁놀에 물들었다
싱그럽고 맑은바람 거침없는 걸음걸음
빈한함의 촌로로선 입을열지 못한다네

얻은것도 잃은것도 모두몽땅 비었으니
나무꾼의 시골향에 절로절로 흥얼흥얼
시골아이 풀피리엔 고향내음 삐릴릴리
불러보고 당겨봐도 물러나지 않는다네

7. 忘牛存人 소는 잊고 사람만 있다

주인이미 소를타고 고향집에 도착하니
탔던소도 공함이요 사람마저 한가롭다
붉은해가 솟았지만 여전하게 꿈꾸는듯
띠집사이 채찍고삐 부질없이 놓여있네

이제까지 끌어온소 집안에는 흔적없고
삿갓이나 도롱이는 이도저도 쓸데없다
즐거웁게 노래하며 가는길에 걸림없어
온天地간 그가운데 한몸만이 자유롭네

돌아오니 어디하나 고향아님 있을까만
대상과나 모두잊어 종일토록 한가롭네
현지통해 밝힌정상 틀림없이 믿을지니
그속에선 온갖것이 인간세가 아니더라

소에임시 의탁하여 중함으로 삼았으니
올가미에 토끼같고 통발속에 고기같고
광석에서 금나오듯 물속에푼 물감같아
한줄기의 차가운빛 겁외겁의 僞陰이네

8. 人牛俱忘 사람도 소도 다 잊다

채찍고삐 사람소가 모두함께 비었으니
허공만이 가득함에 소식전달 어려워라
붉은화로 불꽃으로 어찌눈을 용납할까
이경지에 이르러야 조사맘과 합치하리

너나우리 할것없이 중생계도 하마비어
그가운데 이소식을 어이전해 통할건가
뒤에오는 이도없고 앞에가는 이도없어
누구에게 이종지를 계승한다 말하리오

텅빈뜨락 밝은달빛 부는바람 소쇄하니
범부성인 자취없고 어느길도 통하잖아
철벽타파 천지개벽 대지혜의 무한광명
이세상의 모든강물 한바다로 흘러든다

범속관념 탈피하고 거룩한뜻 모두비어
부처있는 세상에서 얼쩡거릴 필요없고
부처없는 세상에선 번개처럼 지나가니
관음보살 天眼에도 엿보기가 어려워라

9. 近本還源 근원으로 돌아가다

근원으로 돌아감에 온갖노력 기울였네
듣고보는 그모든게 귀머거리 장님인걸
암자밖의 사물認知 더애쓸것 뭬있던가
물은절로 아득하고 꽃은절로 붉더구나

신령스런 그기틀은 유무공에 안떨어져
빛깔보고 소리듣는 귀머거리 장님있나
어젯밤의 금까마귀 한바다로 날아드니
새벽하늘 예와같이 둥근해가 떠있도다

기관들을 다써보고 모든노력 다했어도
또랑또랑 그말보다 귀머거리 낫다하니
짚신끈이 다해진채 돌아오는 그길에는
산새들새 울지않고 꽃만붉게 피었어라

본래부터 청정해서 한티끌도 물들잖아
모습있는 만유세상 영고성쇠 지켜보고
함이없는 고요함이 환상과는 같지않아
흐르는물 푸르른산 흥망성쇠 바라보네

10. 入廛垂手 저자에 들어가 손을 드리우다

맨가슴에 벗은맨발 저잣거리 들어오니
재투성이 흙투성이 얼굴가득 함박웃음
신선들이 지녔다는 비법따위 쓰잖아도
마른나무 가지위에 꽃을당장 피게하네

말의얼굴 당나귀뺨 너무나도 분명하니
이런놈은 틀림없이 이류에서 왔겠구나
단한번에 몽둥이를 질풍처럼 휘두름에
이세상의 모든문을 두들겨서 열게하니

소매속의 금방망이 목전에서 떨어지고
오랑캐말 우리말로 볼에웃음 가득하니
서로서로 마주쳐도 몰라봄을 이해하면
미륵부처 누각문도 금세활짝 열리리라

천명되는 성인들도 고요속의 그속몰라
자기풍광 묻어놓고 옛성현길 등져가며
저잣거리 표주박에 단장짚고 집에가고
고깃간에 술집들러 부처이룰 교화하네